W0181208

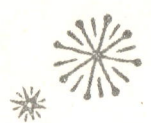
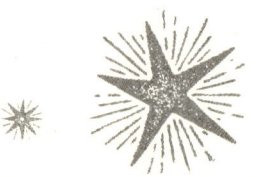

Weihnachten vor dem Kamin

Ein kleines Lesebuch zum großen Fest

camino.

Inhalt

Vom Licht der Heiligen Nacht

Von weihnachtlicher Hoffnung und Wärme

Ein Wort zuvor

Kerzenschein, Plätzchenduft, wärmender Tee und vielleicht ein prasselndes Kaminfeuer – mit der Advents- und Weihnachtszeit verbinden wir Wärme, Geborgenheit und Gemütlichkeit. Oder zumindest spiegeln diese Vorstellungen unsere Wünsche und Sehnsüchte. Denn kurz vor Weihnachten sieht es oft anders aus: die letzten Geschenke müssen noch besorgt werden, der Baum steht noch nicht, das Essen muss noch eingekauft werden und die letzten Karten geschrieben und verschickt werden ... Alles soll möglichst perfekt sein für das Fest. In all dem Trubel vergessen wir dabei manchmal fast die weihnachtliche Botschaft: Gott wird Mensch. Ganz unscheinbar als kleines Kind in einem einfachen Stall kommt Gott zu uns, kommt Gott uns nahe. Er schenkt uns seine bedingungslose Liebe. Dieses Buch lädt ein, sich bewusst Zeit zu nehmen, um dem Geheimnis von Weihnachten nachzuspüren: Die hier versammelten Gedanken, Geschichten und Gedichte erzählen von strahlenden und glitzernden Bäumen, von der Freude des Schenkens, vom Licht das uns an Weihnachten geschenkt wird und von der Hoffnung und Wärme der weihnachtlichen Botschaft.

Eine gesegnete Advents- und Weihnachtszeit und eine gute Vorbereitung und Einstimmung darauf mit den vielfältigen Texten in diesem Buch!

Von strahlenden und glitzernden Bäumen

Das Weihnachts- bäumlein

Es war einmal ein Tännelein
mit braunen Kuchenherzlein
und Glitzergold und Äpflein fein
und vielen bunten Kerzlein:
Das war am Weihnachtsfest so grün
als fing es eben an zu blühn.

Doch nach nicht gar zu langer Zeit,
da stands im Garten unten,
und seine ganze Herrlichkeit
war, ach, dahingeschwunden.
die grünen Nadeln warn'n verdorrt,
die Herzlein und die Kerzlein fort.

Bis eines Tags der Gärtner kam,
den fror zu Haus im Dunkeln,

und es in seinen Ofen nahm –
Hei! Tats da sprühn und funkeln!
Und flammte jubelnd himmelwärts
in hundert Flämmlein an Gottes Herz.

CHRISTIAN MORGENSTERN

Ein Weihnachtsengel

WALTER BENJAMIN

Mit den Tannenbäumen begann es. Eines Morgens, als wir zur Schule gingen, hafteten an den Straßenecken die grünen Siegel, die die Stadt wie ein großes Weihnachtspaket an hundert Ecken und Kanten zu sichern schienen. Dann barst sie eines schönen Tages dennoch, und Spielzeug, Nüsse, Stroh und Baumschmuck quollen aus ihrem Innern: der Weihnachtsmarkt. Mit ihnen aber quoll noch etwas anderes hervor: die Armut. Wie nämlich Äpfel und Nüsse mit ein wenig Schaumgold neben dem Marzipan sich auf dem Weihnachtsteller zeigen durften, so auch die armen Leute mit Lametta und bunten Kerzen in den besseren Vierteln. Die Reichen aber schickten ihre Kinder vor, um denen der Armen wollene Schäfchen abzukaufen oder Almosen auszuteilen, die sie selbst vor Scham nicht über ihre Hände brachten. Inzwischen stand bereits auf der Veranda der Baum, den meine Mutter insgeheim gekauft und über die Hintertreppe in die Wohnung hatte bringen lassen. Und wunderbarer als alles, was das Kerzenlicht ihm gab, war, wie das nahe Fest in seine Zweige mit jedem Tage dichter sich verspann. In den Höfen begannen die Leierkasten die letzte Frist mit Chorälen zu dehnen. Endlich war sie dennoch verstrichen und einer jener Tage wieder da, an deren frühesten ich mich hier erinnere.

In meinem Zimmer wartete ich, bis es sechs werden wollte. Kein Fest des späteren Lebens kennt diese Stunde, die wie ein Pfeil im Herzen des Tages zittert. Es war schon dunkel; trotzdem entzündete ich nicht die Lampe, um den Blick nicht von den Fenstern über dem Hof zu wenden, hinter denen nun die ersten Kerzen zu sehen waren. Es war von allen Augenblicken, die das Dasein des Weihnachtsbaumes hat, der bänglichste, in dem er Nadeln und Geäst dem Dunkel opfert, um nichts zu sein als nur ein unnahbares und doch nahes Sternbild im trüben Fenster einer

Hinterwohnung. Doch wie ein solches Sternbild hin und wieder eins der verlassenen Fenster begnadete, indessen viele weiter dunkel blieben und andere noch trauriger im Gaslicht der früheren Abende verkümmerten, schien mir, dass diese weihnachtlichen Fenster die Einsamkeit, das Alter und das Darben – all das, wovon die armen Leute schwiegen – in sich fassten.

Dann fiel mir wieder die Bescherung ein, die meine Eltern eben rüsteten. Kaum aber hatte ich so schweren Herzens, wie nur die Nähe eines sichern Glücks es macht, mich von dem Fenster abgewandt, so spürte ich eine fremde Gegenwart im Raum. Es war nichts als ein Wind, so dass die Worte, die sich auf meinen Lippen bildeten, wie Falten waren, die ein träges Segel plötzlich vor einer frischen Brise wirft: »Alle Jahre wieder, kommt das Christuskind, auf die Erde nieder, wo wir Menschen sind« – mit diesen Worten hatte sich der Engel, der in ihnen begonnen hatte, sich zu bilden, auch verflüchtigt. Doch nicht mehr lange blieb ich im leeren Zimmer. Man rief mich in das gegenüberliegende, in dem der Baum nun in die Glorie eingegangen war, welche ihn mir entfremdete, bis er, des Untersatzes beraubt, im Schnee verschüttet oder im Regen glänzend, das Fest da endete, wo es ein Leierkasten begonnen hatte.

Der Tannenbaum

HANS CHRISTIAN ANDERSEN

Draußen im Walde stand ein niedlicher kleiner Tannenbaum; er hatte einen guten Platz, Sonne konnte er bekommen, Luft war genug da, und ringsumher wuchsen viele größere Kameraden, sowohl Tannen als Fichten. Aber dem kleinen Tannenbaum schien nichts so wichtig als das Wachsen; er achtete nicht der warmen Sonne und der frischen Luft, er kümmerte sich nicht um die Bauernkinder, die da gingen und plauderten, wenn sie herausgekommen waren, um Erdbeeren und Himbeeren zu sammeln. Oft kamen sie mit einem ganzen Topf voll oder hatten Erdbeeren auf einen Strohhalm gezogen, dann setzten sie sich neben den kleinen Tannenbaum und sagten: »Wie niedlich klein ist der!« Das mochte der Baum gar nicht hören.

Im folgenden Jahre war er ein langes Glied größer, und das Jahr darauf war er um noch eins länger, denn bei den Tannenbäumen kann man immer an den vielen Gliedern, die sie haben, sehen, wie viele Jahre sie gewachsen sind. »O wäre ich doch so ein großer Baum wie die anderen!« seufzte das kleine Bäumchen. »Dann könnte ich meine Zweige so weit umher ausbreiten und mit der Krone in die weite Welt hinausblicken! Die Vögel würden dann Nester zwischen meinen Zweigen bauen, und wenn der Wind weht, könnte ich so vornehm nicken, gerade wie die andern dort!«

Er hatte gar keine Freude am Sonnenschein, an den Vögeln und den roten Wolken, die Morgens und Abends über ihn hinsegelten. War es nun Winter, und der Schnee lag ringsumher funkelnd weiß, so kam häufig ein Hase angesprungen und setzte gerade über den kleinen Baum weg. O, das war ärgerlich! Aber zwei Winter vergingen und im dritten war das Bäumchen so groß, dass der Hase um dasselbe herumlaufen musste. »O wachsen, wachsen, groß und alt werden, das ist doch das einzige Schöne in dieser Welt!« dachte der Baum.

Im Herbst kamen immer Holzhauer und fällten einige der größten Bäume; das geschah jedes Jahr, und dem jungen Tannenbaum, der nun ganz gut gewachsen war, schauderte dabei; denn die großen, prächtigen Bäume fielen mit Knacken und Krachen zur Erde, die Zweige wurden abgehauen, die Bäume sahen ganz nackt, lang und schmal aus; sie waren fast nicht zu erkennen. Aber dann wurden sie auf Wagen gelegt und Pferde zogen sie davon, aus dem Walde hinaus. Wohin sollten sie? Was stand ihnen bevor?

Im Frühjahr, als die Schwalben und Störche kamen, fragte der Baum: »Wisst ihr nicht, wohin sie geführt wurden? Seid ihr ihnen begegnet?« Die Schwalben wussten nichts, aber der Storch sah nachdenkend aus, nickte mit dem Kopfe und sagte: »Ja, ich glaube wohl; mir begegneten viele neue Schiffe, als ich aus Ägypten flog; auf den Schiffen waren prächtige Mastbäume; ich darf annehmen, dass sie es waren, sie hatten Tannengeruch; ich kann vielmals grüßen, sie prangen, sie prangen!«

»O wäre ich doch auch groß genug, um über das Meer hinfahren zu können! Was ist das

eigentlich, dieses Meer, und wie sieht es aus?« »Ja, das ist weitläufig zu erklären!« sagte der Storch und damit ging er. »Freue dich deiner Jugend!« sagten die Sonnenstrahlen; »freue dich deines frischen Wachstums, des jungen Lebens, das in dir ist!« Und der Wind küsste den Baum, und der Tau weinte Tränen über denselben, aber das verstand der Tannenbaum nicht.

Wenn es gegen die Weihnachtszeit war, wurden ganz junge Bäume gefällt, Bäume, die nicht einmal so groß oder gleichen Alters mit diesem Tannenbaume waren, der weder Rast noch Ruhe hatte, sondern immer davon wollte; diese jungen Bäume, und es waren gerade die allerschönsten, behielten immer alle ihre Zweige, sie wurden auf Wagen gelegt und Pferde zogen sie von dannen zum Walde hinaus.

»Wohin sollen diese?« fragte der Tannenbaum. »Sie sind nicht größer als ich, Einer ist sogar viel kleiner; weswegen behalten sie alle ihre Zweige? Wohin fahren sie?« »Das wissen wir! Das wissen wir!« zwitscherten die Sperlinge. »Unten in der Stadt haben wir in die Fenster gesehen! Wir wissen, wohin sie fahren! O, sie gelangen zur größten

Pracht und Herrlichkeit, die man sich denken kann! Wir haben in die Fenster gesehen und erblickt, dass sie mitten in der warmen Stube aufgepflanzt und mit den schönsten Sachen, vergoldeten Äpfeln, Honigkuchen, Spielzeug und vielen hundert Lichtern geschmückt werden.«

»Und dann?« fragte der Tannenbaum und bebte in allen Zweigen. »Und dann? Was geschieht dann?« »Ja, mehr haben wir nicht gesehen! Das war unvergleichlich schön!«

»Ob ich wohl bestimmt bin, diesen strahlenden Weg zu betreten?« jubelte der Tannenbaum. »Das ist noch besser, als über das Meer zu ziehen! Wie leide ich an Sehnsucht!

Wäre es doch Weihnachten! Nun bin ich hoch und entfaltet wie die andern, die im vorigen Jahre davon geführt wurden! O, wäre ich erst auf dem Wagen, wäre ich doch in der warmen Stube mit all der Pracht und Herrlichkeit! Und dann? Ja, dann kommt noch etwas Besseres, noch Schöneres, warum würden sie mich sonst so schmücken? Es muss noch etwas Größeres, Herrlicheres kommen! Aber was? O, ich leide, ich sehne mich, ich weiß selbst nicht, wie es mir ist!« »Freue

dich unser!« sagten die Luft und das Sonnenlicht; »freue dich deiner frischen Jugend im Freien!«

Aber er freute sich durchaus nicht; er wuchs und wuchs, Winter und Sommer stand er grün; dunkelgrün stand er da, die Leute, die ihn sahen, sagten: »Das ist ein schöner Baum!« und zur Weihnachtszeit wurde er von allen zuerst gefällt. Die Axt hieb tief durch das Mark; der Baum viel mit einem Seufzer zu Boden, er fühlte einen Schmerz, eine Ohnmacht, er konnte gar nicht an irgend ein Glück denken, er war betrübt, von der Heimat scheiden zu müssen, von dem Flecke, auf dem er emporgeschossen war; er wusste ja, dass er die lieben alten Kameraden, die kleinen Büsche und die Blumen ringsumher nie mehr sehen werde, ja vielleicht nicht einmal die Vögel. Die Abreise hatte durchaus nichts Behagliches. Der Baum kam erst wieder zu sich selbst, als er im Hofe, mit andern Bäumen abgeladen, einen Mann sagen hörte: »Dieser hier ist prächtig! Wir brauchen nur diesen!«

Nun kamen zwei Diener im vollen Staat und trugen den Tannenbaum in einen großen schönen Saal. Ringsumher an den Wänden hingen Bil-

der, und bei dem großen Kachelofen standen große chinesische Vasen mit Löwen auf den Deckeln; da waren Wiegestühle, seidene Sofas, große Tische voll von Bilderbüchern und Spielzeug für hundertmal hundert Taler; wenigstens sagten das die Kinder. Der Tannenbaum wurde in ein großes, mit Sand gefülltes Fass gestellt, aber Niemand konnte sehen, dass es ein Fass war, denn es wurde rundherum mit grünem Zeug behängt und stand auf einem großen bunten Teppich. O wie der Baum bebte! Was wird da doch vorgehen? Sowohl die Diener als auch die Fräulein schmückten ihn. An einen Zweig hängten sie kleine Netze, aus farbigem Papier ausgeschnitten, jedes Netz war mit Zuckerwerk gefüllt; vergoldete Äpfel und Walnüsse hingen herab, als wären sie fest gewachsen und über hundert rote, blaue und weiße kleine Lichter wurden in den Zweigen festgesteckt. Puppen, die leibhaft wie die Menschen aussahen – der Baum hatte früher nie solche gesehen – schwebten im Grünen, und hoch oben in der Spitze wurde ein Stern von Flittergold befestigt. Das war prächtig, ganz außerordentlich prächtig! »Heute Abend«, sagten alle, »heute

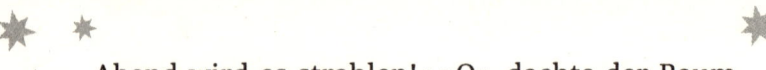

Abend wird es strahlen!« »O«, dachte der Baum »wäre es doch Abend! Würden nur die Lichter bald angezündet! Und was dann wohl geschieht? Ob da wohl Bäume aus dem Walde kommen, mich zu sehen? Ob die Sperlinge gegen die Fensterscheiben fliegen? Ob ich hier festwachse und Winter und Sommer geschmückt stehen werde?«

Ja, er wusste gut Bescheid; aber er hatte ordentlich Borkenschmerzen vor lauter Sehnsucht, und Borkenschmerzen sind für einen Baum eben so schlimm wie Kopfschmerzen für uns Andere. Nun wurden die Lichter angezündet. Welcher Glanz, welche Pracht! Der Baum bebte in allen Zweigen dabei, so dass eins der Lichter das Grüne anbrannte; es sengte ordentlich. »Gott bewahre uns!« schrien die Fräulein und löschten es hastig aus.

Nun durfte der Baum nicht einmal beben. O, das war ein Grauen! Ihm war bange, etwas von seinem Staate zu verlieren; er war ganz betäubt von all dem Glanze. Da gingen beide Flügeltüren auf, und eine Menge Kinder stürzten herein, als wollten sie den ganzen Baum umwerfen, die älteren Leute kamen bedächtig nach; die Kinder stan-

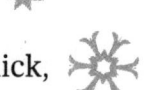

den ganz stumm, aber nur einen Augenblick, dann jubelten sie wieder, dass es laut schallte, sie tanzten um den Baum herum, und ein Geschenk nach dem andern wurde abgepflückt. »Was machen sie?« dachte der Baum. »Was soll geschehen?« Die Lichter brannten gerade bis auf die Zweige herunter, und je nachdem sie niederbrannten, wurden sie ausgelöscht, und dann erhielten die Kinder die Erlaubnis, den Baum zu plündern. O, sie stürzten auf denselben ein, dass es in allen Zweigen knackte; wäre er nicht mit der Spitze und mit dem Goldsterne an der Decke festgemacht gewesen, so wäre er umgestürzt.

Die Kinder tanzten mit ihrem prächtigen Spielzeug herum. Niemand sah nach dem Baume, ausgenommen das alte Kindermädchen, welches kam und zwischen die Zweige blickte; aber es geschah nur, um zu sehen, ob nicht noch eine Feige oder ein Apfel vergessen sei. »Eine Geschichte, eine Geschichte!« riefen die Kinder und zogen einen kleinen dicken Mann gegen den Baum hin, und er setzte sich gerade unter denselben, »denn so sind wir im Grünen«, sagte er, »und der Baum kann besonders Nutzen davon haben,

zuzuhören! Aber ich erzähle nur eine Geschichte. Wollt ihr die von Ivede-Avede oder die von Klumpe-Dumpe hören, der die Treppen hinunterfiel und doch erhöht wurde und die Prinzessin erhielt?«

»Ivede-Avede!« schrieen einige, »Klumpe-Dumpe!« schrieen andere. Das war ein Rufen und Schreien! Nur der Tannenbaum schwieg ganz still und dachte: »Komme ich gar nicht mit, werde ich nichts dabei zu tun haben?« Er war ja mit gewesen, hatte ja geleistet, was er sollte. Der Mann erzählte von Klumpe-Dumpe, welcher die Treppen hinunterfiel und doch erhöht wurde und die Prinzessin erhielt. Und die Kinder klatschten in die Hände und riefen: »Erzähle, erzähle!« Sie wollten auch die Geschichte von Ivede-Avede hören, aber sie bekamen nur die von Klumpe-Dumpe. Der Tannenbaum stand ganz stumm und gedankenvoll, nie hatten die Vögel im Walde dergleichen erzählt. »Klumpe-Dumpe fiel die Treppen hinunter und bekam doch die Prinzessin! Ja, ja, so geht es in der Welt zu!« dachte der Tannenbaum und glaubte, dass es wahr sei, weil es ein so netter Mann war, der es

erzählte. »Ja, ja! Vielleicht falle ich auch die Treppe hinunter und bekomme eine Prinzessin!« Und er freute sich, den nächsten Tag wieder mit Lichtern und Spielzeug, Gold und Früchten aufgeputzt zu werden.

»Morgen werde ich nicht zittern!« dachte er. »Ich will mich recht aller meiner Herrlichkeit freuen. Morgen werde ich wieder die Geschichte von Klumpe-Dumpe und vielleicht auch die von Ivede-Avede hören.« Und der Baum stand die ganze Nacht still und gedankenvoll. Am Morgen kamen die Diener und das Mädchen herein. »Nun beginnt der Staat aufs neue!« dachte der Baum; aber sie schleppten ihn zum Zimmer hinaus, die Treppe hinauf, auf den Boden, und stellten ihn in einen dunklen Winkel, wohin kein Tageslicht schien. »Was soll das bedeuten?« dachte der Baum. »Was soll ich hier wohl machen? Was mag ich hier wohl hören sollen?« Er lehnte sich gegen die Mauer und dachte und dachte. Und er hatte Zeit genug, denn es vergingen Tage und Nächte; Niemand kam herauf, und als endlich jemand kam, so geschah es, um einige große Kästen in den Winkel zu stellen; der Baum stand ganz ver-

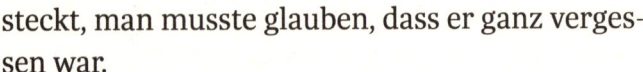

steckt, man musste glauben, dass er ganz vergessen war.

»Nun ist es Winter draußen!« dachte der Baum. »Die Erde ist hart und mit Schnee bedeckt, die Menschen können mich nicht pflanzen; deshalb soll ich wohl bis zum Frühjahr hier im Schutz stehen! Wie wohl bedacht ist das! Wie die Menschen doch so gut sind! Wäre es hier nur nicht so dunkel und schrecklich einsam! Nicht einmal ein kleiner Hase! Das war doch niedlich da draußen im Wald, wenn der Schnee lag und der Hase vorbei sprang, ja selbst als er über mich hinwegsprang; aber damals mochte ich es nicht leiden. Hier oben ist es doch schrecklich einsam!«

»Pip, pip!« sagte da eine kleine Maus und huschte vorbei; und dann kam noch eine kleine. Sie beschnüffelten den Tannenbaum und dann schlüpften sie zwischen dessen Zweige. »Es ist eine gräuliche Kälte!« sagten die kleinen Mäuse. »Sonst ist hier gut sein; nicht wahr, du alter Tannenbaum?« »Ich bin gar nicht alt!« sagte der Tannenbaum; »es gibt viele, die weit älter sind als ich!« »Woher kommst du«, fragten die Mäuse, »und was weißt du?« Sie waren gewaltig neugie-

rig.« Erzähle uns doch von den schönsten Orten auf Erden! Bist du dort gewesen? Bist du in der Speisekammer gewesen, wo man auf Talglicht tanzt, mager hineingeht und fett herauskommt?«

»Das kenne ich nicht«, sagte der Baum; »aber den Wald kenne ich, wo die Sonne scheint und die Vögel singen!« Und dann erzählte er alles aus seiner Jugend, die kleinen Mäuse hatten früher nie dergleichen gehört, und sie horchten auf und sagten: »Wie viel du gesehen hast! Wie glücklich du gewesen bist!« »Ich?« sagte der Tannenbaum dachte über das, was er selbst erzählte, nach. »Ja, es waren im Grunde ganz fröhliche Zeiten!« Aber dann erzählte er vom Weihnachtsabend, wo er mit Kuchen und Lichtern geschmückt war. »O, sagten die kleinen Mäuse, wie glücklich du gewesen bist, du alter Tannenbaum!«

»Ich bin gar nicht alt!« sagte der Baum; »erst in diesem Winter bin ich vom Walde gekommen! Ich bin in meinem allerbesten Alter, ich bin nur so aufgeschossen.« »Wie schön du erzählst!« sagten die kleinen Mäuse, und in der nächsten Nacht kamen sie mit vier anderen kleinen Mäusen, die den Baum erzählen hören sollten, und je mehr er

erzählte, desto deutlicher erinnerte er sich selbst an alles und dachte: »Es waren doch ganz fröhliche Zeiten! Aber sie können wiederkommen, können wiederkommen!« Klumpe-Dumpe fiel die Treppe hinunter und erhielt doch die Prinzessin; »vielleicht kann ich auch eine Prinzessin bekommen.« Und dann dachte der Tannenbaum an eine kleine niedlich Birke, die draußen im Walde wuchs; das war für den Tannenbaum eine wirklich schöne Prinzessin.

»Wer ist Klumpe-Dumpe?« fragten die kleinen Mäuse. Da erzählte der Tannenbaum das ganze Märchen, er konnte sich jedes einzelnen Wortes entsinnen; die kleinen Mäuse waren aus reiner Freude bereit, bis an die Spitze des Baumes zu springen. In der folgenden Nacht kamen weit mehr Mäuse und am Sonntage sogar zwei Ratten, aber die meinten, die Geschichte sei nicht hübsch, und das betrübte die kleinen Mäuse, denn nun hielten sie auch weniger davon. »Wissen Sie nur die eine Geschichte?« fragten die Ratten.

»Nur die eine«, antwortete der Baum; »die hörte ich an meinem glücklichsten Abend, aber damals dachte ich nicht daran, wie glücklich ich

war.« »Das ist eine höchst jämmerliche Geschichte! Kennen Sie keine von Speck und Talglicht? Keine Speisekammergeschichte?« »Nein!« sagte der Baum. »Ja, dann danken wir dafür!« erwiderten die Ratten und gingen zu den Ihrigen zurück. Die kleinen Mäuse blieben zuletzt auch weg, und da seufzte der Baum: »Es war doch ganz hübsch, als sie um mich herum saßen, die beweglichen kleinen Mäuse, und zuhörten, wie ich erzählte! Nun ist auch das vorbei! Aber ich werde daran denken, mich zu freuen, wenn ich wieder hervorgenommen werde.«

Aber wann geschah das? Ja, es war eines Morgens, da kamen Leute und wirtschafteten auf dem Boden; die Kästen wurden weggesetzt, der Baum wurde hervorgezogen; sie warfen ihn freilich ziemlich hart gegen den Fußboden, aber ein Diener schleppte ihn gleich nach der Treppe hin, wo der Tag leuchtete. »Nun beginnt das Leben wieder!« dachte der Baum; er fühlte die frische Luft, die ersten Sonnenstrahlen, und nun war er draußen im Hofe. Alles ging geschwind, der Baum vergaß völlig sich selbst zu betrachten, da war so Vieles ringsumher zu sehen. Der Hof stieß an

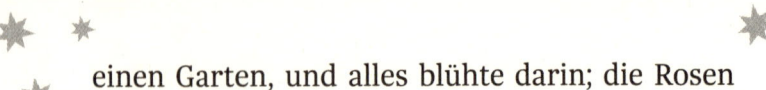

einen Garten, und alles blühte darin; die Rosen hingen frisch und duftend über das kleine Gitter hinaus, die Lindenbäume blühten, und die Schwalben zogen umher und sagten: »Quirrevir-revit, mein Mann ist kommen!« Aber es war nicht der Tannenbaum, den sie meinten.

»Nun werde ich leben!« jubelte dieser und breitete seine Zweige weit aus; aber ach, die waren alle vertrocknet und gelb; und er lag da zwischen Unkraut und Nesseln. Der Stern von Goldpapier saß noch oben in der Spitze und glänzte im hellen Sonnenschein. Im Hofe selbst spielten ein paar der munteren Kinder, die zur Weihnachtszeit den Baum umtanzt hatten und so froh über denselben gewesen waren. Eins der kleinsten lief hin und riss den Goldstern ab. »Sieh, was da noch an dem hässlichen alten Tannenbaum sitzt!« sagte es und trat auf die Zweige, so dass sie unter seinen Stiefeln knackten. Der Baum sah auf all die Blumenpracht und Frische im Garten, er betrachtete sich selbst und wünschte, dass er in seinem dunkeln Winkel auf dem Boden geblieben wäre; er gedachte seiner frischen Jugend im Walde, des lustigen Weihnachtsabends und der kleinen

Mäuse, die so munter die Geschichte von Klumpe-Dumpe angehört hatten.

»Vorbei, vorbei!« sagte der arme Baum. »Hätte ich mich doch gefreut, als ich es noch konnte! Vorbei, vorbei!« Der Diener kam und hieb den Baum in kleine Stücke, ein ganzes Bund lag da; hell flackerte es auf unter dem großen Braukessel. Der Baum seufzte tief und jeder Seufzer war einem kleinen Schusse gleich; deshalb liefen die Kinder, die da spielten, herbei und setzten sich vor das Feuer, blickten in dasselbe hinein und riefen: »Piff, paff!« Aber bei jedem Knalle, der ein tiefer Seufzer war, dachte der Baum an einen Sommerabend im Walde oder an eine Winternacht da draußen, wenn die Sterne funkelten; er dachte an den Weihnachtsabend und an Klumpe-Dumpe, das einzige Märchen, welches er gehört hatte und zu erzählen wusste – und dann war der Baum verbrannt. Die Knaben spielten im Garten, und der kleinste hatte den Goldstern auf der Brust, den der Baum an seinem glücklichsten Abend getragen; nun war der vorbei, und mit dem Baum war es auch vorbei und mit der Geschichte auch; vorbei, vorbei, und so geht es mit allen Geschichten!

Der Weihnachtsbaum

ELSE LASKER-SCHÜLER

Später kommen sie meist alle in den Keller oder man wirft sie kurz und bündig auf den Schutthaufen. Aber ich kannte auch jemand, dem genügte es nicht, die erlesene Tanne im Silberkleide zu plündern, all die Äpfel und Nüsse und Näschereien, er sog auch noch das edle Blut aus ihrem Stamm und ihren Zweigen. Und als das neue Jahr kam, warf er den Weihnachtsbaum mit dem schimmernden Wachsengel in der Krone – in die Wanne, zu stärken seine Glieder im duftenden Extrakt der frommen Nadeln.

Ähnlich wie dem Weihnachtsbaum ergehts dem Menschen; er ist des erkorenen Baumes: Symbol. Es unterhalten sich gerne über die Weihnacht der Liebe, in ihrer grünen Sprache, die der Wind zu vermitteln pflegt, die Tannenbäume;

schon die, die noch in die Baumschule gehen.

Nicht jedes von uns Kindern, Sonntagsmenschenkindern, steht einmal »ganz« im Glanz! Angezündet auf dem blauen Tisch der Weihnachtszeit; aber »jede Mama« auf Erden mit Spiel und Zuckerzeug behangen. Ihre Lichte brennen ewiglich – denn der Mutter Liebe brennt noch im Grabe und vom Himmel für ihr Kind.

Jeder Mensch möchte wenigstens ein einziges Mal »ganz« im Lichte stehen ... Doch wenn auch nur ein *einziges* Zweiglein brennt! Im ganzen Zauber des Lichts mit glitzernden Wundern geschmückt, gehört freilich zum Ausnahmeglück.

Nur die Liebe vermag den Wandel vom Dunkelsein zur Lichtwerdung zu vollbringen. Die Liebe will immer Weihnachten feiern, will anzünden und angezündet werden, beschenken und behangen werden mit bunterlei Sternen. Störe die Weihnacht nicht – über sie leuchtet der Engel der Liebe ...

Trenne Liebende nicht – über sie leuchtet der Stern der Weihnacht. Es erlöschen so bald die Lichte der liebenden Herzen, sie werden – wie vom Wehen – über Nacht ausgeblasen.

Die Liebe ist der holde Baum der Weihnacht; er ist – in Wahrheit nicht käuflich noch umzupflanzen. *Er ist unser aller Liebesgut.* Immer neigt er seine strahlenden Zweige – uns Liebe zu pflücken. Sein leuchtendes Ebenbild zu werden, möchte ich mir wohl wünschen, immer wieder aufzuerstehen:

Wir welken längst wo angelehnt,
Am grauen Steine einer alten Mauer;
So ausgelöscht und haben uns gesehnt,
Nach einem einzigen Lichtlein in der
    Weltentrauer.

Wie nie auf einmal standen wir im Glanz,
Und unsere feierlichen Herzen hingegeben,
Verglühten ineinander wie im Tempeltanz.

Was soll ich weiter und auch du mit deinem
    Leben,
Lichtlosem Dasein, das hell brannte in die Nacht,
Jäh umgebracht –
Mit meinem funkelte noch eben ...

Vom Glanz
des Schenkens

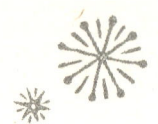

Das Geschenk der Weisen

O. HENRY,
EIGENTLICH WILLIAM SYDNEY PORTER

Ein Dollar und siebenundachtzig Cent. Das war alles. Und sechzig Cents davon waren in Pennys. Pennys, die sie Cent für Cent dem Lebensmittelhändler, dem Gemüsehändler und dem Metzger abgerungen hatte, bis ihre Wangen glühten vor Schamesröte über den Verdacht der Knausrigkeit, den ein solch hartes Feilschen nun mal mit sich brachte. Dreimal zählte Della sie durch. Ein Dollar und siebenundachtzig Cent. Und morgen war Weihnachten. Da war einfach nichts weiter zu tun, als sich auf die abgewetzte Couch fallen zu lassen und zu heulen. Und das tat Della dann auch. Was uns zu der philosophischen

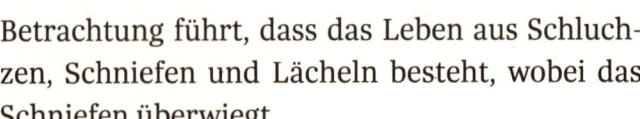

Betrachtung führt, dass das Leben aus Schluch-
zen, Schniefen und Lächeln besteht, wobei das
Schniefen überwiegt.

Während die Hausherrin allmählich vom ersten in das zweite Stadium wechselt, wollen wir
einmal einen Blick auf ihr Heim werfen. Eine
möblierte Wohnung für acht Dollar die Woche.
Sie war nicht gerade ärmlich, aber doch nahe
daran. Unten im Hausflur hing ein Briefkasten, in
den niemals ein Brief den Weg fand, und ein Klin-
gelknopf, dem kein sterblicher Finger je ein Klin-
geln entlocken konnte. Und dazu gehörte auch
ein Namensschild mit dem Namen »Mr. James
Dillingham Young.«

Das »Dillingham« war in den Namen geraten
während einer vergangenen Periode des Wohl-
stands, als sein Besitzer noch dreißig Dollar die
Woche verdiente. Jetzt aber, da das Einkommen
auf zwanzig Dollar geschrumpft war, dachten sie
ernstlich daran, es zu einem bescheidenen und
unauffälligen ›D.‹ abzukürzen. Doch immer wenn
Mr. James Dillingham Young nach Hause kam
und seine Wohnung betrat, wurde er »Jim«
genannt und heiß umarmt von Mrs. James Dil-

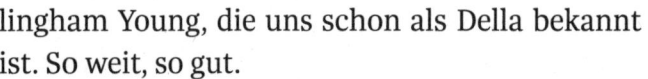

lingham Young, die uns schon als Della bekannt ist. So weit, so gut.

Della hörte auf zu weinen und puderte sich die Wangen. Sie stellte sich ans Fenster und blickte trübe hinaus auf eine graue Katze, die über einen grauen Zaun in dem grauen Hinterhof pirschte. Morgen war Weihnachten, und sie hatte nur einen Dollar siebenundachtzig, mit dem sie für Jim ein Geschenk kaufen konnte. Seit Monaten hatte sie wirklich jeden Penny gespart, und das war das Ergebnis. Mit zwanzig Dollar die Woche kam man nicht weit. Die Ausgaben waren höher gewesen, als sie veranschlagt hatte. Das ist immer so. Gerade mal ein Dollar siebenundachtzig für ein Geschenk für Jim. Ihren Jim. Viele glückliche Stunden hatte sie damit verbracht, sich etwas Hübsches für ihn auszudenken. Etwas ganz Feines, Seltenes und Gediegenes – etwas, dem es zu Ehre gereichen würde, von Jim besessen zu werden.

Zwischen den Fenstern hing ein Wandspiegel. Vielleicht haben Sie schon einmal einen Wandspiegel in einer Acht-Dollar-Wohnung gesehen. Eine sehr schlanke und bewegliche Person kann

es schaffen, durch das Betrachten einer schnellen Abfolge von länglichen Streifen einen recht genauen Eindruck von ihrem Aussehen zu erhalten. Und die schlanke Della hatte es zur Meisterschaft in dieser Kunst gebracht.

Plötzlich wirbelte sie vom Fenster weg und stellte sich vor den Spiegel. Ihre Augen glänzten, aber ihr Gesicht verlor innerhalb von zwanzig Sekunden seine Farbe. Schnell löste sie ihr Haar und ließ es zu seiner vollen Länge herabfallen.

Es gab zwei Besitztümer der James Dillingham Youngs, in den beide großen Stolz setzten. Das waren Jims goldene Uhr, die vor ihm seinem Vater und seinem Großvater gehört hatte, und Dellas Haar. Wenn die Königin von Saba in den Wohnung gegenüber gewohnt hätte, dann würde Della ihr Haar zum Trocknen aus dem Fenster gehängt haben, nur um die Juwelen und Gaben Ihrer Majestät verblassen zu lassen. Und wäre König Salomon hier Hausmeister gewesen inmitten seiner aufgestapelten Schätze im Erdgeschoss, würde Jim jedes mal, wenn er an ihm vorüberging, seine Uhr herausgezogen haben, nur um zu sehen, wie er sich aus Neid seinen Bart ausrupfte.

Nun fiel Dellas schönes Haar wellend und leuchtend wie eine Kaskade goldbraunen Wassers an ihr herunter. Es reichte ihr fast bis über die Knie und war beinahe ein Gewand für sie. Nervös und hastig steckte sie es wieder hoch. Eine Minute lang zögerte sie und stand regungslos da, während ein oder zwei Tränen auf den abgetretenen roten Teppich tropften.

Sie zog sich ihre alte braune Jacke an, setzte sich ihren alten braunen Hut auf, und mit wehendem Kleid und einem glänzenden Funkeln in den Augen flatterte sie aus der Tür und die Treppen hinunter hinaus auf die Straße. Dort hielt sie vor einem Schild an, auf dem stand: »Mme. Sofronie. An- und Verkauf von Haaren aller Art.«

Della flog eine Treppe hinauf und sammelte sich keuchend. Madame, groß, zu weiß geschminkt und kühl, sah kaum aus wie »Sofronie«.

»Kaufen Sie mein Haar?« fragte Della.

»Ich kaufe Haar,« sagte Madame. »Nehmen Sie den Hut ab und lassen Sie mal sehen, was Sie haben.«

Die braune Kaskade floss herab.

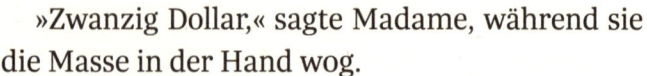

»Zwanzig Dollar,« sagte Madame, während sie die Masse in der Hand wog.

»Geben Sie sie es mir – schnell,« sagte Della.

Und die nächsten zwei Stunden vergingen auf rosa Schwingen. Vergessen wir die abgegriffene Metapher. Sie durchstöberte die Geschäfte nach einem Geschenk für Jim.

Schließlich fand sie es. Es war ganz bestimmt nur für Jim gemacht und für niemanden sonst. Es gab nichts Vergleichbares in den anderen Geschäften, und die hatte sie alle auf den Kopf gestellt. Es war eine Uhrkette aus Platin, einfach und geschmackvoll, die ihren Wert durch ihre Substanz und nicht durch protzige Verzierungen offenbarte – so wie alle guten Dinge es tun sollten. Es war sogar *Der Uhr* würdig. Sobald sie sie sah, wusste sie, dass sie Jim gehören musste. Sie war wie er. Schlichtheit und Größe – diese Beschreibung traf auf beide zu. Einundzwanzig Dollar wollten sie dafür haben, und mit siebenundachtzig Cent eilte sie nach Hause zurück. Mit dieser Kette an der Uhr würde Jim in jedweder Gesellschaft immer nach der Zeit sehen wollen. Die Uhr war großartig, aber manchmal blickte er nur

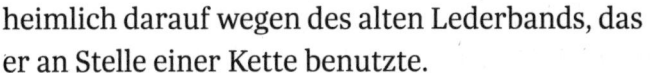

heimlich darauf wegen des alten Lederbands, das er an Stelle einer Kette benutzte.

Als Della wieder zu Hause war, machte ihr Rausch langsam wieder der Klugheit und der Vernunft Platz. Sie holte die Brennschere heraus, entzündete das Gas und machte sich ans Werk, die Verwüstungen zu beseitigen, die ihre Großzügigkeit in Verbindung mit Liebe angerichtet hatten. Was immer eine enorme Arbeit ist, liebe Freunde – eine Riesenarbeit.

In vierzig Minuten wurde ihr Kopf bedeckt von niedlichen, enganliegenden Locken, die sie wunderbar aussehen ließ wie einen bummelnden Schuljungen. Lange, sorgfältig und kritisch betrachtete sie ihr Spiegelbild.

»Wenn Jim mich nicht umbringt,« sagte sie zu sich, »bevor er einen zweiten Blick auf mich wirft, wird er sagen, dass ich aussehe wie ein Chormädchen auf Coney Island. Aber was hätte ich tun können – oh! was hätte ich mit einem Dollar siebenundachtzig anfangen können?«

Um sieben war der Kaffee fertig und die Bratpfanne hinten auf dem Herd heiß und bereit, die Koteletts aufzunehmen.

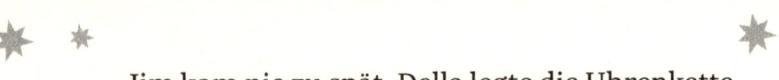

Jim kam nie zu spät. Della legte die Uhrenkette in der Hand zusammen und saß auf der Tischecke nahe der Tür, durch die er immer hereinkam. Dann hörte sie seine Schritte auf der Treppe unten im ersten Stock, und für einen Moment erbleichte sie. Sie hatte die Angewohnheit, zu den einfachsten alltäglichen Dingen ein kleines stilles Gebet zu sprechen, und nun flüsterte sie: »Lieber Gott, bitte hilf, dass er mich immer noch schön findet.«

Die Tür ging auf und Jim trat ein und schloss sie hinter sich. Er sah schmal aus und sehr ernst. Armer Kerl, er war erst zweiundzwanzig – und schon mit einer Familie belastet! Er brauchte einen neuen Mantel, und er hatte keine Handschuhe.

Jim war an der Tür stehengeblieben, unbeweglich wie ein Vorstehhund, der eine Wachtel wittert. Seine Augen waren auf Della gerichtet, und in ihnen war ein Ausdruck, den sie nicht deuten konnte und der ihr Angst einflößte. Es war weder Ärger, noch Überraschung und auch nicht Schrecken oder irgendeines jener Gefühle, mit denen sie gerechnet hatte. Er starrte sie ein-

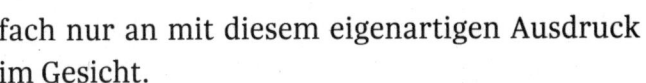

fach nur an mit diesem eigenartigen Ausdruck im Gesicht.

Della glitt von der Tischkante und ging zu ihm.

»Jim, Liebling,« rief sie, »sieh mich nicht so an. Ich habe meine Haare abgeschnitten und verkauft, weil ich es nicht ertragen konnte, Weihnachten ohne ein Geschenk für dich zu sein. Sie werden wieder wachsen – es stört dich doch nicht, oder? Ich musste es einfach tun. Mein Haar wächst furchtbar schnell. Sag ›Frohe Weihnachten!‹ Jim und lass uns fröhlich sein. Du weißt gar nicht, was für ein nettes – was für ein schönes, hübsches Geschenk ich für dich habe.«

»Du hast deine Haare abschneiden lassen?« fragte Jim mühsam, als ob er diese offensichtliche Tatsache trotz größter geistiger Anstrengung noch nicht erfasst hätte.

»Abgeschnitten und verkauft,« sagte Della. »Hast du mich jetzt nicht mehr so lieb? Ich bin doch immer noch ich, auch ohne meine Haare, oder?«

Jim sah sich neugierig im Zimmer um.

»Du sagst, dein Haar ist weg?« sagte er mit einem schon beinahe idiotischen Ausdruck.

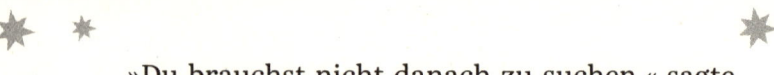

»Du brauchst nicht danach zu suchen,« sagte Della. »Es ist verkauft, sag ich dir – verkauft und weg. Wir haben Heilig Abend, Menschenskind. Sei nett zu mir, ich hab's für dich getan. Vielleicht waren die Haare auf meinem Kopf gezählt,« fuhr sie unvermittelter ernster Verliebtheit fort, »aber niemand könnte jemals meine Liebe für dich zählen. Soll ich die Koteletts aufsetzen, Jim?«

Schnell erwachte Jim aus seiner Benommenheit. Er umarmte Della. Lassen Sie uns kurz diskret beiseite blicken auf einen ganz anderen Gegenstand. Acht Dollar die Woche oder eine Million im Jahr – wo ist der Unterschied? Ein Mathematiker oder irgendein Witzbold würde uns darauf ganz sicher die falsche Antwort geben. Die Weisen brachten wertvolle Geschenke, aber dieses war nicht darunter. Diese dunkle Feststellung werden wir später erhellen.

Jim zog ein Päckchen aus der Manteltasche und warf es auf den Tisch. »Versteh mich bloß nicht falsch, Dell,« sagte er. »Ich glaube nicht, dass irgendein Haareschneiden, Legen oder Waschen mich je dazu bringen könnte, mein Mädchen auch nur um ein Jota weniger zu mögen. Aber wenn du

dieses Päckchen aufmachst, dann wirst du verstehen, warum ich mich erst mal wieder einkriegen musste.«

Weiße flinke Finger zerrten an der Schnur und dem Papier. Und dann ein entzückter Freudenschrei und danach – leider! – ein blitzartiger weiblicher Wechsel zu hysterischem Weinen und Klagen, die die sofortige Aufbietung aller tröstenden Kräfte des Hausherrn nötig machten.

Denn vor ihr lagen Die Kämme – ein Satz von Kämmen, die Della schon so lange in einem Schaufenster am Broadway bewundert hatte. Wunderschöne Kämme, echtes Schildpatt, mit steinbesetzten Rändern – gerade von der richtigen Farbe, um sie in dem verschwundenen Haar zu tragen. Es waren teure Kämme, das wusste sie, und sie hatte sich nach ihnen gesehnt, ohne darauf zu hoffen, sie jemals zu besitzen. Und nun gehörten sie ihr, aber die Locken, die diesen begehrten Schmuck geschmückt haben sollten, waren weg.

Sie drückte ihn fest an ihre Brust und schließlich war sie in der Lage, zu ihm mit verschwommenen Augen und einem Lächeln aufzublicken, und sie sagte: »Meine Haare wachsen schnell, Jim!«

Aber dann machte sie einen Satz wie eine angesengte kleine Katze und rief: »Oh,oh!«

Jim hatte noch gar nicht ihr schönes Geschenk gesehen. Eifrig hielt sie es ihm in der offenen Hand hin. Das stumpfe wertvolle Metall schien aufzublitzen im Widerschein ihrer heiteren, leidenschaftlichen Stimmung.

»Ist sie nicht toll, Jim? Ich bin durch die ganze Stadt gerannt, um sie zu finden. Du wirst jetzt am Tag hundert Mal auf die Uhr sehen. Gib mir die Uhr. Ich möchte sehen, wie sie sich daran macht.«

Anstatt zu gehorchen, ließ Jim sich auf die Couch fallen, verschränkte die Hände hinter dem Kopf und lächelte.

»Dell,« sagte er, »lass uns die Weihnachtsgeschenke für eine Weile beiseitelegen. Sie sind zu schön, um sie gleich jetzt zu benutzen. Ich hab die Uhr verkauft, um Geld für die Kämme zu haben. Und jetzt wäre es nett, wenn du die Koteletts aufsetzen könntest.«

Die Weisen des Morgenlandes waren kluge Männer – wunderbar kluge Männer – die Ge-

schenke für das Kind in der Krippe brachten. Sie haben die Kunst, Weihnachtsgeschenke zu machen, erfunden. Klug wie sie waren, waren auch ihre Geschenke zweifellos klug und beinhalteten nach Möglichkeit das Recht, sie umzutauschen, falls man zweimal dasselbe bekam. Und hier habe ich den schwachen Versuch gemacht, Ihnen die ereignislose Geschichte zweier einfältiger Erdenkinder in einer Mietwohnung zu erzählen, die höchst unklug füreinander die größten Schätze in ihrem Besitz opferten. Aber als ein letztes Wort an die Weisen dieser Tage lassen Sie mich sagen, dass von allen, die Geschenke machten, diese beiden doch die Klügsten waren. Von allen, die Geschenke machen und empfangen, sind solche wie sie die klügsten. Allenthalben sind sie die klügsten. Sie sind die wahren Weisen.

Christkind verkehrt

HANS FALLADA

Ich hatte mir zu Weihnachten ein Puppentheater gewünscht, ein Puppentheater aus Pappe, mit Proszenium, Soffiten und Hintergrund, mit den Figuren für Wilhelm Tell – alles aus Pappe. Auf meines Bruders Uli Wunschzettel aber hatte ein Robinsonade gestanden, aus Blei, Robinson und Freitag und Palmen und eine Hütte und das »Pappchen« in seinem Rutenkäfig, alles aus Blei.

Einmal ist es soweit, und die kleine silberne Bimmel klingelt, und die Tür tut sich auf, und der Baum strahlt, und wir marschieren auf ihn zu, wie die Orgelpfeifen, nach dem Alter: erst Uli, dann ich, dann Margarete, dann Elisabeth. Und nun stehen wir vor dem Baum, rechts und links von ihm Mama und Papa, und wir sagen jeder etwas auf: ein Weihnachtslied oder ein paar hausgemachte Verse. Während das geschieht, ist es verboten, nach den Tischen zu schielen, aber ich wage doch einen Blick – und da, links von mir, steht das Puppentheater, strahlend, und der Vorhang ist aufgezogen, und Tell ist auf der Bühne und Gessler – welch ein Glück!

Aber wie nun Elisabeth als die letzte ihr Sprüchlein gesagt hat und wir zu unsern Tischen dürfen, da führt mich Mama nicht nach links, nicht zu dem Puppentheater, sondern nach rechts, wo auf einem großen Brett mit gelbem Sand und grünem kurzem Moos und blaugestrichenem Meer die Robinsonade aus Blei aufgebaut ist –: »Dein Bruder Uli«, sagt Mama, »ist voriges Jahr viel besser weggekommen als du. Und deshalb bekommst *du* in diesem Jahr den Robinson, der ist viel schöner.« Und nun standen wir beide da, wie die rechten Küster, und versuchten zu spielen, er mit »meinem« Puppentheater, ich mit »seinem« Robinson, und das Herz war uns schwer, und zu freuen hatten wir uns doch auch. Und ab und zu wagten wir einen Blick zum andern und fanden, der konnte gar nichts mit »unserm« Spielzeug anfangen.

Aber das Seltsame an diesem sonst ganz unweihnachtlichen Weihnachtserlebnis war, dass wir – Uli und ich – nun nicht etwa, als die weihnachtlichen Freuden verrauscht und wir mit unserm Spielzeug aus dem Bescherungs- in »unser« Zimmer übergesiedelt waren, dass wir da nicht etwa unsere Weihnachtsgeschenke austauschten und das so falsch Begonnene richtig vollendeten ...

Nein, das Seltsame war, dass Uli leidenschaftlich an seinem Puppentheater hing und dass ich wie ein Hofhund über meinem Robinson wachte. Von all den vielen Weihnachtsfesten meiner Kindheit ist dieses eine nur mir ganz unvergesslich und deutlich geblieben: mit dem spähenden Entdeckerblick zum Tisch, mit dem »Besser-Weg-kommen«, mit dem Sich-freuen-Müssen, mit dem verlegenen Schuldgefühl. Kein Spielzeug hat den Glanz dieses falschen Robinsons, es ist mitgegangen mit mir durch mein Leben, und heute noch, wenn ich nicht einschlafen kann, spiele ich Robinson.

Ein Brief vom Weihnachtsmann

MARK TWAIN

Es war einmal ein kleines amerikanisches Mädchen namens Susie Clemens, das in einem Märchenschloss mit drei Türmen, fünf Balkonen und einem Wald von Schornsteinen lebte. Im Inneren gab es neunzehn große Räume und fünf Badezimmer – zu einer Zeit, da die meisten Häuser in der Nachbarschaft nicht einmal eine Dusche hatten. Der Schlossherr, Susies Vater, hieß Samuel Clemens, der unter seinem Pseudonym Mark Twain weltberühmt wurde. Der geistige Vater von Tom Sawyer und Huckleberry Finn verwöhnte seine Susie nach allen Regeln der Kunst, besonders zu Weihnachten, wenn er den Weihnachtsmann spielen konnte. Einmal, als

Susie noch sehr klein war, schrieb sie einen langen Wunschzettel an den Weihnachtsmann und erhielt folgende Antwort:

Sankt-Nikolaus-Palast auf dem Monde,
am Morgen des Christfestes

Liebste Susi Clemens!

Ich habe alle deine Briefe erhalten und gelesen, die du und deine kleine Schwester mir durch eure Mutter und eure Kinderfrau schreiben ließet; ich habe auch diejenigen gelesen, die ihr kleines Volk mir eigenhändig schriebt – denn ihr habt zwar nicht die Buchstaben des Erwachsenen-Alphabets verwendet, dafür aber eine Schrift, die alle Kinder in allen Ländern der Erde und der funkelnden Sterne verwenden; und da meine sämtlichen Untertanen auf dem Mond Kinder sind, die nur diese Buchstaben kennen, begreifst du sicher leicht, warum ich deine und deiner kleinen Schwester wunderliche Krakelzeichen ohne jede Schwierigkeiten lesen kann. Allerdings hatte ich Probleme mit den Briefen, welche du deiner Mut-

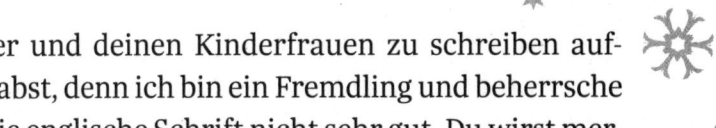

ter und deinen Kinderfrauen zu schreiben aufgabst, denn ich bin ein Fremdling und beherrsche die englische Schrift nicht sehr gut. Du wirst merken, dass ich nichts bei den Sachen falsch gemacht habe, die du und das Baby in euren eigenen Briefen bestelltet – ich kam um Mitternacht, als ihr schlieft, durch den Kamin und lieferte sie höchstpersönlich ab – und ich küsste euch natürlich, weil ihr brave Kinder seid, wohlerzogen, artig und so ziemlich die gehorsamsten Kleinen, die ich je sah. Aber in dem Brief, den du diktiertest, standen einige Worte, die ich nicht genau entziffern konnte, und ein oder zwei Wünsche, die sich nicht erfüllen ließen, weil uns die Artikel gerade ausgegangen waren. So bekam unsere allerletzte Puppenküche ein ganz armes Kind auf dem Nordstern, weit weg im Land der Kälte über dem Großen Bären. Deine Mama kann dir jenen Stern zeigen, und dann sagst du »Kleine Schneeflocke«, denn so heißt das Kind, »ich bin froh, dass du die Puppenküche bekommen hast, denn du brauchst sie dringender als ich.« Das heißt, du musst das selber schreiben, und Schneeflocke wird dir eine Antwort schicken. Wenn du die Worte nur

sprächst, könnte sie dich nicht hören. Achte darauf, dass dein Brief leicht und dünn wird, denn der Weg ist weit und die Postgebühr teuer. In dem Brief deiner Mama standen ein paar Worte, die ich nicht so recht zu entziffern vermochte. Ich nehme an, sie bedeuten »eine Truhe voll Puppenkleider«. Stimmt das? Ich werde heute Morgen um neun Uhr an eurer Küchentür vorsprechen und nachfragen. Aber niemand darf mich sehen, und ich darf mit niemand außer dir reden. Sobald die Küchentürglocke schellt, soll George mit verbundenen Augen hingehen und öffnen. Dann muss er ins Esszimmer oder in die Geschirrkammer zurückkehren und auch die Köchin mitnehmen. Schärfe George ein, dass er unbedingt auf Zehenspitzen geht und keinen Laut von sich gibt – sonst muss er eines Tages sterben.

Als nächstes steigst du hinauf ins Kinderzimmer, stellst dich auf einen Stuhl oder das Bett der Kinderfrau und legst dein Ohr an das Sprechrohr, das hinunter in die Küche führt; und wenn du meinen Pfiff hörst, sagst du in das Rohr: »Willkommen, Weihnachtsmann!« Darauf werde ich mich erkundigen, ob du dir wirklich eine Truhe

gewünscht hast oder nicht. Wenn du »Ja« sagst, werde ich weiter fragen, in welcher Farbe du die Truhe gern hättest. Deine Mama hilft dir sicher, eine hübsche Farbe zu wählen, und dann beschreibst du mir in allen Einzelheiten, was die Truhe enthalten soll. Sobald ich sage: »Lebwohl und ein frohes Weihnachtsfest, kleine Susi Clemens!« antwortest du: »Lebwohl, lieber, guter Weihnachtsmann! Ich danke dir von Herzen und richte bitte der kleinen Schneeflocke aus, dass ich heute Nacht zu ihrem Stern aufschauen werde und dass sie heruntergucken soll – ich stehe am Fenster des Westerkers. Und ich will von jetzt an in jeder klaren Nacht ihren Stern betrachten und sagen: Ich kenne da droben ein Kind und habe es gern!« Als nächstes gehst du in die Bibliothek hinunter und lässt George die Flügeltür zur Hauptdiele schließen, und nun müssen alle eine Weile ganz still sein. Während ihr wartet, fliege ich zum Mond, hole die Sachen und komme kurz darauf durch den Kamin, der in die Diele führt – falls du dir wirklich eine Truhe wünschst – ein so großes Ding wie eine Truhe passt nämlich nicht durch den Kinderzimmer-Kamin.

Ihr dürft meinetwegen plaudern, bis ihr meine Schritte in der Diele hört. Dann sagst du den anderen, dass sie einen Moment ganz still sein sollen, bis ich wieder durch den Kamin nach oben gelangt bin. Vielleicht aber hört ihr meine Schritte gar nicht – deshalb darfst du hin und wieder durch die Esszimmertür blinzeln, und irgendwann wirst du die Sachen, die du dir gewünscht hast, unter dem Klavier im Salon liegen sehen – denn dort lege ich sie hin. Falls ich in der Diele ein wenig Schnee verliere, musst du George bitten, ihn ins Feuer zu werfen, denn für solche Dinge habe ich keine Zeit. George soll dazu keinen Besen benutzen, sondern einen Lappen – oder er stirbt eines Tages. Pass gut auf George auf, dass er sich nicht in Gefahr begibt! Sollte mein Stiefel einen Schmutzfleck auf dem Marmor hinterlassen, darf George ihn nicht wegscheuern. Lass ihn zum Andenken an meinen Besuch bestehen; und immer, wenn du einen Blick darauf wirfst oder ihn jemand zeigst, mag er dich daran erinnern, dass du ein braves kleines Mädchen sein sollst. Denn falls du je ungezogen bist und jemand auf die Spur deutet, die der Stiefel deines lieben, guten Weihnachtsmanns auf dem Marmor hinterlassen hat, was wirst du dann sagen, mein Herzchen? Bis gleich, wenn ich in die Tiefe komme und an der Küchentür schelle.

Dein dich liebender Weihnachtsmann,
den die Menschen manchmal den
»Mann im Mond« nennen.

Weihnachtswunder

MONIKA GUNKEL

Es ist die letzte Stunde vor den Weihnachtsferien. Die Schüler hatten bereits auf Ferienmodus umgestellt und blickten mich gelangweilt an. Während ich noch überlege, womit ich ihre Aufmerksamkeit erreichen könnte, kommt mir eine Idee: Eine kleine Provokation könnte nichts schaden. Also frage ich so beiläufig, wie es nur geht: »Was ist eigentlich besser – schenken oder Geschenke bekommen?«

Die Schüler sehen mich etwas mitleidig an, als ob ich eine Suggestivfrage gestellt hätte, die weit unter ihrem Niveau liegt. Schließlich bemüht sich doch einer zu antworten: »Was ist denn das für eine Frage. Geschenke bekommen natürlich!« Ich schaue in die Runde und sehe Beifallsbekundungen von allen Seiten. Darin sind sie sich offen-

sichtlich einig. Ich gehe zum zweiten Angriff über und sage: »Ich finde das gar nicht so natürlich. Ich zum Beispiel könnte den ganzen Tag herumlaufen und für irgendwelche Leute Geschenke kaufen. Mir macht das Spaß.« Die Gesichter haben jetzt so einen verzweifelt mitleidigen Blick, in dem ich lese, dass ich wohl nicht ganz normal bin. Nach dem Motto: Wer Religion unterrichtet, der kann ohnehin nicht ganz dicht sein. Aber da rettet mich eine Zwischenfrage: »Wieso? Wieso macht ihnen das Spaß?« Ich zucke mit den Schultern und packe mein charmantestes Lächeln aus: »Ich weiß es nicht? Sagt ihr es mir? Warum macht Fußballspielen Spaß? Was ist das für eine Kraft in uns, die Freude auslöst?« Schweigen – einige denken nach. Man sieht es ihnen an.

»Lehnt euch zurück, ich werde euch eine Weihnachtsgeschichte erzählen. Ich weiß, ihr seid natürlich viel zu groß für Weihnachtsgeschichten. Aber diese ist wirklich passiert. Sie handelt von einem Mädchen, das genauso alt war wie ihr es heute seid.«

Es ist am Heiligen Abend am späten Nachmittag. Das Mädchen, wir nennen sie Lisa, der Daten- und Informanten Schutz muss ja gewahrt bleiben, liegt in ihrem Zimmer und hört Musik. Die Mutter kommt zur Tür herein und fragt: »Lisa, würdest Du mir einen Gefallen tun?« Lisa schaut skeptisch, denn so einen vorsichtig fragenden Ton ist sie nicht gewohnt. In ihrer Familie werden meistens klare Ansagen gegeben: »Worum geht es denn?« Die Mutter druckst ein wenig herum: »Es ist eine etwas heikle Geschichte und nicht ganz einfach zu erklären. Lisas Neugier ist geweckt, sie setzt sich auf und sagt: Na, dann versuch es doch mal.« »Also, ich muss etwas weiter ausholen«, beginnt die Mutter: »Ich würde heute gerne eine Familie beschenken, die wahrscheinlich in diesem Jahr kein so fröhliches Weihnachtsfest hat. Der Mann ist in diesem Jahr abgehauen und hat die Frau und seine drei Kinder mit einem Haufen Schulden sitzen gelassen. Sie arbeitet nur halbtags als Verkäuferin, damit sie den Kindern noch einen Rest an Stabilität und Familie geben kann. Was man dabei verdient kannst du dir denken.« »Na, dann schenk ihnen doch was! Wo ist das Pro-

blem? Was willst du denn überhaupt schenken?«, fragt Lisa. »Komm mit, ich zeige es dir« antwortet zögernd die Mutter und zieht Lisa in die Küche hinterher. Da liegen auf dem Tisch einige liebevoll verpackte Päckchen, dazu Stollen, Pfefferkuchen und eigentlich alles so was man landläufig für Weihnachten einkauft. Lisa bemerkt gleich, dass einige Lebensmittel durchaus aus dem höheren Preisniveau sind. Die Mutter bemerkt ihren Blick und sagt: »Das würden sie sich nie selber kaufen.« Lisa entgegnet: »Ich habe nichts gesagt. Und in den Päckchen ist Spielzeug für die Kinder?« Die Mutter nickt. »Aber ich verstehe immer noch nicht das Problem. Wenn du die Frau kennst, warum hast du nicht alles in eine Tüte gepackt und ihr ganz einfach geschenkt.« »Genau das ist der Knackpunkt«, beginnt die Mutter und setzt sich mit Lisa in die Küchenecke. »Wenn ich ihr so einen Weihnachtseinkauf in die Hand drücke, dann gebe ich ihr das Gefühl, dass sie sich das nicht leisten kann. Und das könnte sie vielleicht beschämen. Oder sie denkt, sie müsste uns jetzt auch etwas zu Weihnachten schenken. Und das geht ja schon gar nicht.« Lisa wird ungeduldig:

»Na und jetzt? Was hast Du dir ausgedacht? Wo komme ich da ins Spiel?« Die Mutter lächelt ein wenig hintergründig: »Ich gebe dir die Adresse und du gehst dort hin. Das Haus ist offen. Sie wohnen im 1. Stock. Du legst die Sachen alle vor die Wohnungstür und zündest die Kerze an. Dann wartest du bis das Flurlicht ausgeht, klingelst und rennst ganz schnell die Treppe herunter. Unten musst du dich noch einen Moment verstecken und lauschen, ob die Tür aufgeht. Wenn niemand zu Hause ist, was unwahrscheinlich, aber möglich ist, lässt du alles vor der Tür stehen und machst nur die Kerze aus. Das ist die einfachere Variante. Wenn die Tür aufgemacht wird, musst du sehen, dass du ganz schnell wegkommst. Ich denke, dass der Überraschungseffekt dir die Zeit dazu lässt. So ist es eben kein Geschenk, sondern ein kleines Weihnachtswunder.« Die Mutter zwinkert mit den Augen. Lisa zieht die Augenbrauen in die Höhe und schüttelt den Kopf: »Du kommst auf Ideen! Warum machst du das eigentlich nicht selbst, wenn du es schon so exakt geplant hast.« »Weil du schneller die Treppe herunterrennen kannst« grinst die Mutter. Dieses Argument war

nicht von der Hand zu weisen und langsam steigt Lisas Lust auf ein kleines Abenteuer: »Gut, ich mach es! Aber ohne Erfolgsgarantie!« Die Mutter will einen Beutel holen, aber Lisa packt schon alles in ihren Rucksack und zieht die Jacke an.

Draußen ist es dunkel und nasskalt. Der Wind bläst den Sprühregen in Lisas Gesicht und die Kälte kriecht schon jetzt an ihr hoch. Sie zieht die Kapuze tiefer ins Gesicht und wickelt den Schal noch eine Runde fester. An den hell erleuchteten Fenstern in der Straße sieht man hier und da schon die Kerzen am Weihnachtsbaum brennen. Lisas Unmut wird immer größer. Wie schön könnte auch sie jetzt zu Hause im Warmen sein und nun rennt sie hier einer Schnapsidee ihrer Mutter hinterher. So ist sie sauer auf die Mutter mit ihren komischen Ideen und auf sich selbst, weil sie so blöd war und das mitmacht. Und auf die Leute, die sie gar nicht kennt und wegen denen sie hier durch die Nacht rennt.

Endlich ist sie da. Sie findet das Haus sofort. Der Name stimmt, das Stockwerk auch. Nun aber schnell und dann nichts wie weg nach Hause. Leise packt sie Stück für Stück aus dem Rucksack

und drapiert alles vor der Wohnungstür. Ach ja, auch noch die Kerze. Das vierte Streichholz tut es dann endlich. Auch die sind feucht geworden. Lisa checkt nochmal die Treppenstufen und dann drückt sie auf die Klingel.

Sie ist längst unten im Hausflur als die Tür aufgeht, aber das Stimmengewirr ist nicht zu überhören. Sie schleicht sich hinten in die Ecke an die Tür zum Hinterhof und würde gerne etwas von den Wortfetzen mitbekommen. Aber sie versteht nur wenig. Eine Frauenstimme sagt immer wieder »Karte ... dabei ...?« Sie versteht noch: »Weihnachtskarte ... ohne Namen und viel Durcheinandergerede und Gerenne.« Langsam wird es ruhiger und eine kleine Piepsstimme fragt: »Mama, ist das jetzt ein Weihnachtswunder?« Lisa hört noch wie die Frau sich die Nase schnäuzt und leise sagt: »Ja Frido, das ist ein Weihnachtswunder.«

Die Tür war längst wieder ins Schloss gefallen und Lisa schleicht aus dem Hausflur. Draußen regnet es noch immer, es ist noch genauso windig wie vorher, aber Lisa merkt es gar nicht. Nun findet sie sogar, dass die vom Christbaum erleuchte-

ten Fenster die Straße so friedlich machen. Nach 200 Metern bleibt sie nochmal stehen, schüttelt den Kopf und denkt: »So fühlt sich also ein Weihnachtswunder an. Cool!«

In diesem Moment läutet die Schulglocke. Der übliche Sturm auf die Klassenzimmertür bleibt aus. Ich wollte gerade »Schöne Ferien und frohe Weihnachten« sagen, da kommt von ganz hinten eine Stimme: »Das Mädchen aus der Geschichte waren Sie, nicht wahr?« »Wie kommst du denn darauf«, antworte ich schnell mit einer Gegenfrage. »Ach, nur so ..., aber diese Kraft, von der Sie gesprochen haben, die uns Freude empfinden lässt, kennen Sie die?« Ich setze ein schelmisches Lächeln auf und nehme meine Tasche unter den Arm: »Ich glaube man nennt sie den Heiligen Geist.« Der Rest geht im Stimmengewirr unter. Ich verstehe gerade noch »Frohe Weihnachten« ... und ... »Kurve gekriegt«.

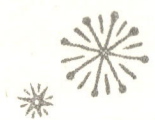

Vom Licht der
Heiligen Nacht

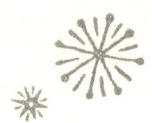

Weihnacht

ADALBERT STIFTER

Und endlich kommt die Heilige Nacht. So kurz die Tage sind, so hat doch an diesem Tag die Nacht gar nicht kommen wollen, und unendlich lang dauerte der Tag. Das Christkindl aber gibt die Gaben nur in der Nacht seiner Geburt. Und sie ist jetzt gar wirklich gekommen, diese Nacht. Die Lichter brennen schon in dem prachtvollen Zimmer der Stadtleute, auf der Leuchte in der Stube der alten Waldhütte brennt der Kien, oder es brennt ein Span in seiner eisernen Zange auf einem hölzernen Gestelle. In dem Zimmer mit den Lichtern oder in der Stube mit dem brennenden Kien oder dem brennenden Span harren die Kinder. Da kommt die Mutter und sagt: »Das Christkindl ist schon da gewesen.«

Und nun öffnen sich die Flügeltüren, und die Kinder und alle, welche gekommen sind, die Freude zu teilen, gehen in das verschwiegene Zimmer. Dort steht der Baum, der sonst nichts als grün gewesen ist. Jetzt sind unzählige flimmernde Lichter auf ihm und bunte Bänder und Gold und unbekannte Kostbarkeiten hängen von ihm nieder. Und der Gaben ist eine Fülle auf ihm, dass man sich kaum fassen kann. Die Kinder sehen ihre liebsten Wünsche erfüllt, und selbst die Erwachsenen und der Vater und die Mutter haben von dem Christkindlein Geschenke erhalten, weil sie Freunde der Kinder sind und die Kinder lieben. Die Bangigkeit der Erwartung geht jetzt in Jubel auf, und man kann nicht enden, sich zu zeigen, was gespendet worden ist. Man zeigt es sich immer wieder und immer wieder und freut sich, bis der Erregung die Ermattung folgt und der Schlummer die kleinen Augenlider schließt. Und auch die Türe aus der Stube der Waldhütte öffnet sich in die Kammer hinaus, und die Kinder gehen durch die Tür. Auf einem Baume mit mehreren Lichtlein hängen wunderbare goldene Nüsse und goldene Pflaumen und Äpfel und Birnen und

Backwerk und anderes Liebes, vielleicht ein hölzerner, schön bemalter Kuckuck oder ein Trompetchen oder zwei rote, unvergleichliche Schuhe. Und wenn kein Baum in der Kammer ist, so liegen diese Dinge auf einem weißen, reinen Tuch, und eine Talgkerze brennt dabei. Und die Dinge werden in die Stube hinausgetragen und die Talgkerze auch, und sie bleibt in der Heiligen Nacht brennen, bis die Kinder schlafen gehen. Und vor Freude und vor Entzücken gehen sie lange nicht schlafen und kosten auch noch von den gespendeten Dingen. Aber endlich bringt sie der Schlummer doch unter die Decke. Und manche Gabe geht mit in das Bett. Selbst den Kindern in Hütten, wo nur eine Stube und gar keine verschwiegene Kammer ist, bringt das Christkindl Gaben. Sie dürfen nur in das Vorhaus, in den Stallgang oder wo immer hin auf einen Stein, darauf man sonst Garn klopft oder auf einen Stock oder auf einen Stuhl ein Tuch breiten und ein leeres Schüsselchen stellen, und wenn sie nach einer Zeit wieder nachsehen, ist das Schüsselchen gefüllt mit Goldnüssen, Pflaumen, Birnen, Äpfeln, Honigkuchen und erwünschten Sachen. Und zu solchen Kin-

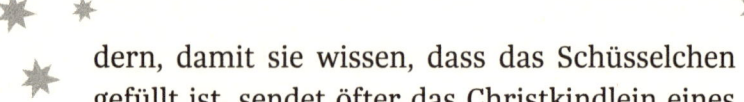

dern, damit sie wissen, dass das Schüsselchen gefüllt ist, sendet öfter das Christkindlein eines seiner goldenen Rösslein, mit denen es durch den Himmel fährt, und lässt die geschehene Begabung verkündigen. Und das Rösslein läutet vor der Türe mit seiner Glocke und tut ungebärdig, schlägt an die Tür, und wenn die Kinder hinauseilen, ist das Rösslein fort, und das gefüllte Schüsselchen steht da. Wir haben oft in längst vergessenen Christnächten im Walde an der jungen Moldau das goldene Rösslein läuten und toben gehört.

Und wenn die Millionen Kinder, welche in dieser Nacht beteilt worden sind, schon in ihren Bettchen schlummern und ihr Glück sich noch in manchem Traume nachspiegelt und nun von dem hohen Turm des Domes in der großen Stadt die Schläge der zwölften Stunde der Nacht herabgetönt haben, so erschallt das Geläute der Glocken auf allen Kirchtürmen der Stadt, und das Geläute ruft die Menschen in die Kirchen zu mitternächtlichem Gottesdienst. Und von allen Seiten wandeln die Menschen in die heiligen Räume. Und in dem hohen gotischen Dom strahlt alles von einem

Lichtermeer, und so groß das Lichtermeer ist, welches weit und breit in den unteren Räumen des Domes ausgegossen wird, so reicht es doch nicht in die Wölbung empor, in welcher die schlanken Säulen oben auseinander gehen, und in jenen Höhen wohnt erhabene Finsternis, welche den Dom noch erhabener macht. Der Hohepriester des Domes und die Priesterschaft des Domes feiern den Gottesdienst. Und so heilig ist das Fest, dass an diesem, und nur an diesem allein, jeder katholische Priester dreimal das heilige Messopfer vollbringen darf. Und wenn schon die Baukunst in den zarten Riesengliedern des Domes dem Gottesdienst als Dienerin beigegeben ist, wenn die tiefe Pracht der kirchlichen Gewänder dem Feste Glanz gibt, so tönt auch die Musik in ihren vollen Wellen und in kirchlichem Ernst, von dem Chore tadellos dargestellt, hernieder. Und wenn die heilige Handlung vorüber ist, zerstreuen sich Priester und Laien, die Lichter werden ausgelöscht, und der Dom ragt finster zu dem Monde, wenn er am Himmel erscheint, oder zu den Sternen, oder gegen die dunklen, schaltenden Wolken.

Und wie in dem Dom, so wird in allen Kirchen der großen Stadt mit den Mitteln der Kirche das heilige Mitternachtsfest gefeiert, soweit die Mittel und der Eifer und die Andacht reichen. Und in jeder Kirche ist die gläubige Menge und feiert das Fest und sucht nach demselben seine Wohnung und seinen Nachmitternachtsschlummer. Aber auch, wie um Mitternacht in der Weihnacht die Glocken der großen Stadt zum Gottesdienst rufen, so rufen in derselben Stunde alle Kirchenglocken der kleineren Stadt, der kleinsten Stadt, des Marktfleckens, des Dorfes, es rufen die Glocken aller Kirchen zu dem heiligen Feste, in welchen Kirchen das Fest gefeiert wird. Und es sind Millionen Tempel, in denen man das Geburtsfest des heiligen Kindes begeht. Und wie die Mitternacht von Osten gegen Westen herüberrückt, so rückt das Geläute von Osten nach Westen, bis es an das Meer kommt. Dort macht es eine Pause und beginnt nach einigen Minuten jenseits des Ozeans.

Welch Geheimnis ist ein Kind

Welch Geheimnis ist ein Kind!
Gott ist auch ein Kind gewesen.
Weil wir Kinder Gottes sind,
kam ein Kind, uns zu erlösen.
Welch Geheimnis ist ein Kind!
Wer dies einmal je empfunden,
ist den Kindern alle Zeit
durch das Jesuskind verbunden.

CLEMENS BRENTANO

Die Heilige Nacht

SELMA LAGERLÖF

Es war an einem Weihnachtstag, alle waren zur Kirche gefahren, außer Großmutter und mir. Ich glaube, wir beide waren im ganzen Hause allein. Wir hatten nicht mitfahren können, weil die eine zu jung und die andere zu alt war. Und alle beide waren wir betrübt, dass wir nicht zum Mettegesang fahren und die Weihnachtslichter sehen konnten. Aber wie wir so in unserer Einsamkeit saßen, fing Großmutter zu erzählen an.

»Es war einmal ein Mann«, sagte sie, »der in die dunkle Nacht hinausging, um sich Feuer zu leihen. Er ging von Haus zu Haus und klopfte an. »Ihr lieben Leute, helft mir,« sagte er. »Mein Weib hat eben ein Kindlein geboren, und ich muss Feuer anzünden, um sie und den Kleinen zu erwärmen.«

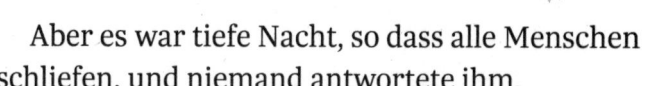

Aber es war tiefe Nacht, so dass alle Menschen schliefen, und niemand antwortete ihm.

Der Mann ging und ging. Endlich erblickte er in weiter Ferne einen Feuerschein. Da wanderte er dieser Richtung zu und sah, dass das Feuer im Freien brannte. Eine Menge weiße Schafe lagen rings um das Feuer und schliefen, und ein alter Hirte wachte bei der Herde.

Als der Mann, der Feuer leihen wollte, zu den Schafen kam, sah er, dass drei große Hunde zu Füßen des Hirten ruhten und schliefen.

Sie erwachten alle drei bei seinem Kommen und sperrten ihre weiten Rachen auf, als ob sie bellen wollten, aber man vernahm keinen Laut. Der Mann sah, dass sich die Haare auf ihrem Rücken sträubten, er sah, wie ihre scharfen Zähne funkelnd weiß im Feuerschein leuchteten, und wie sie auf ihn losstürzten. Er fühlte, dass einer von ihnen nach seinen Beinen schnappte und einer nach seiner Hand, und dass einer sich an seine Kehle hängte. Aber die Kinnladen und die Zähne, mit denen die Hunde beißen wollten, gehorchten ihnen nicht, und der Mann litt nicht den kleinsten Schaden. Nun wollte der Mann weitergehen, um

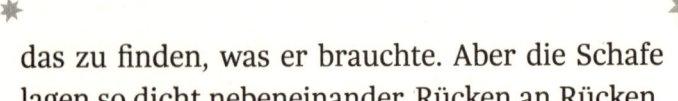

das zu finden, was er brauchte. Aber die Schafe lagen so dicht nebeneinander, Rücken an Rücken, dass er nicht vorwärts kommen konnte. Da stieg der Mann auf die Rücken der Tiere und wanderte über sie hin dem Feuer zu. Und keins von den Tieren wachte auf oder regte sich.«

So weit hatte Großmutter ungestört erzählen können, aber nun konnte ich es nicht lassen, sie zu unterbrechen. »Warum regten sie sich nicht, Großmutter?«, fragte ich. »Das wirst du nach einem Weilchen schon erfahren«, sagte Großmutter und fuhr mit ihrer Geschichte fort.

»Als der Mann fast beim Feuer angelangt war, sah der Hirte auf. Es war ein alter, mürrischer Mann, der unwirsch und hart gegen alle Menschen war. Und als er einen Fremden kommen sah, griff er nach einem der langen, spitzigen Stäbe, den er in der Hand zu halten pflegte, wenn er seine Herde hütete, und warf ihn nach ihm. Und der Stab fuhr zischend gerade auf den Mann los, aber ehe er ihn traf, wich er zur Seite und sauste, an ihm vorbei, weit über das Feld.«

Als Großmutter so weit gekommen war, unterbrach ich sie abermals. »Großmutter, warum

wollte der Stock den Mann nicht schlagen?« Aber Großmutter ließ es sich nicht einfallen, mir zu antworten, sondern fuhr mit ihrer Erzählung fort.

»Nun kam der Mann zu dem Hirten und sagte zu ihm: »Guter Freund, hilf mir und leih mir ein wenig Feuer. Mein Weib hat eben ein Kindlein geboren, und ich muss Feuer machen, um sie und den Kleinen zu erwärmen.«

Der Hirte hätte am liebsten nein gesagt, aber als er daran dachte, dass die Hunde dem Mann nicht hatten schaden können, dass die Schafe nicht vor ihm davongelaufen waren und dass sein Stab ihn nicht fällen wollte, da wurde ihm ein wenig bange, und er wagte es nicht, dem Fremden das abzuschlagen, was er begehrte. »Nimm, so viel du brauchst« sagte er zu dem Mann.

Aber das Feuer war beinahe ausgebrannt. Es waren keine Scheite und Zweige mehr übrig, sondern nur ein großer Gluthaufen, und der Fremde hatte weder Schaufel noch Eimer, worin er die roten Kohlen hätte tragen können.

Als der Hirte dies sah, sagte er abermals: »Nimm, so viel du brauchst.« Und er freute sich,

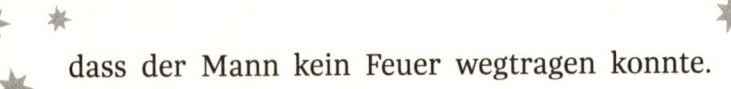

dass der Mann kein Feuer wegtragen konnte. Aber der Mann beugte sich hinunter, holte die Kohlen mit bloßen Händen aus der Asche und legte sie in seinen Mantel. Und weder versengten die Kohlen seine Hände, als er sie berührte, noch versengten sie seinen Mantel, sondern der Mann trug sie fort, als wenn es Nüsse oder Äpfel gewesen wären.«

Aber hier wurde die Märchenerzählerin zum dritten Mal unterbrochen. »Großmutter, warum wollte die Kohle den Mann nicht brennen?«

»Das wirst du schon hören«, sagte Großmutter, und dann erzählte sie weiter. »Als dieser Hirte, der ein so böser, mürrischer Mann war, dies alles sah, begann er sich bei sich selbst zu wundern: »Was kann dies für eine Nacht sein, wo die Hunde die Schafe nicht beißen, die Schafe nicht erschrecken, die Lanze nicht tötet und das Feuer nicht brennt?« Er rief den Fremden zurück und sagte zu ihm: »Was ist dies für eine Nacht? Und woher kommt es, dass alle Dinge dir Barmherzigkeit zeigen?«

Da sagte der Mann: »Ich kann es dir nicht sagen, wenn du selber es nicht siehst.« Und er wollte sei-

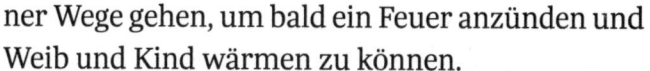

ner Wege gehen, um bald ein Feuer anzünden und Weib und Kind wärmen zu können.

Aber da dachte der Hirte, er wolle den Mann nicht ganz aus dem Gesicht verlieren, bevor er erfahren hätte, was dies alles bedeute. Er stand auf und ging ihm nach, bis er dorthin kam, wo der Fremde daheim war. Da sah der Hirte, dass der Mann nicht einmal eine Hütte hatte, um darin zu wohnen, sondern er hatte sein Weib und sein Kind in einer Berggrotte liegen, wo es nichts gab als nackte, kalte Steinwände.

Aber der Hirte dachte, dass das arme unschuldige Kindlein vielleicht dort in der Grotte erfrieren würde, und obgleich er ein harter Mann war, wurde er davon doch ergriffen und beschloss, dem Kindlein zu helfen. Und er löste sein Ränzel von der Schulter und nahm daraus ein weiches weißes Schaffell hervor. Das gab er dem fremden Mann und sagte, er möge das Kind darauf betten.

Aber in demselben Augenblick, in dem er zeigte, dass auch er barmherzig sein konnte, wurden ihm die Augen geöffnet, und er sah, was er vorher nicht hatte sehen, und hörte, was er vorher nicht hatte hören können.

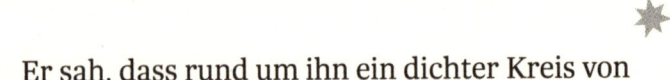

Er sah, dass rund um ihn ein dichter Kreis von kleinen, silberbeflügelten Englein stand. Und jedes von ihnen hielt ein Saitenspiel in der Hand, und alle sangen sie mit lauter Stimme, dass in dieser Nacht der Heiland geboren wäre, der die Welt von ihren Sünden erlösen solle.

Da begriff er, warum in dieser Nacht alle Dinge so froh waren, dass sie niemand etwas zuleide tun wollten. Und nicht nur rings um den Hirten waren Engel, sondern er sah sie überall. Sie saßen in der Grotte, sie saßen auf dem Berge, und sie flogen unter dem Himmel. Sie kamen in großen Scharen über den Weg gegangen, und wie sie vorbeikamen, blieben sie stehen und warfen einen Blick auf das Kind.

Es herrschte eitel Jubel und Freude und Singen und Spiel, und das alles sah er in der dunklen Nacht, in der er früher nichts zu gewahren vermocht hatte. Und er wurde so froh, dass seine Augen geöffnet waren, dass er auf die Knie fiel und Gott dankte.«

Als Großmutter so weit gekommen war, seufzte sie und sagte: »Aber was der Hirte sah, das konnten wir auch sehen, denn die Engel fliegen in jeder

Weihnachtsnacht unter dem Himmel, wenn wir sie nur zu gewahren vermögen.«

Und dann legte Großmutter ihre Hand auf meinen Kopf und sagte: »Dies sollst du dir merken, denn es ist so wahr, wie dass ich dich sehe und du mich siehst. Nicht auf Lichter und Lampen kommt es an, und es liegt nicht an Mond und Sonne, sondern was not tut, ist, dass wir Augen haben, die Gottes Herrlichkeit sehen können.«

in dunkler und kalter Nacht
der süße Gesang der Engel
Friede sei mit euch

Heil und Friede
fühlen sich gut an
wie eine Daunendecke
die mich einhüllt
und mich federleicht
das Dasein genießen lässt

der Friede ist in mir
über Weihnachten hinaus

ANGELIKA GASSNER

Zu Betlehem, da ruht ein Kind

Zu Betlehem, da ruht ein Kind,
Im Kripplein eng und klein,
Das Kindlein ist ein Gotteskind,
Nennt Erd' und Himmel sein.

Zu Betlehem, da liegt im Stall,
Bei Ochs und Eselein,
Der Herr, der schuf das Weltenall,
Als Jesukindchen klein.

Von seinem gold'nen Thron herab
Bringt's Gnad und Herrlichkeit,
Bringt jedem eine gute Gab',
Die ihm das Herz erfreut.

Der bunte Baum vom Licht erhellt,
Der freuet uns gar sehr,
Ach, wie so arm die weite Welt,
Wenn's Jesukind nicht wär'!

Das schenkt uns Licht und Lieb' und Lust
In froher, heil'ger Nacht.
Das hat, als es nichts mehr gewusst,
Sich selbst uns dargebracht.

O wenn wir einst im Himmel sind,
Den lieben Englein nah,
Dann singen wir dem Jesukind
Das wahre Gloria.

ANNETTE VON DROSTE-HÜLSHOFF

Die heilige Nacht

Gesegnet sei die heilige Nacht,
die uns das Licht der Welt gebracht!

Wohl unterm lieben Himmelszelt
die Hirten lagen auf dem Feld.

Ein Engel Gottes, licht und klar,
mit seinem Gruß tritt auf sie dar.

Vor Angst sie decken ihr Angesicht,
da spricht der Engel: »Fürcht't euch nicht!«

»Ich verkünd euch große Freud:
Der Heiland ist geboren heut.«

Da gehn die Hirten hin in Eil,
zu schaun mit Augen das ewig Heil;

zu singen dem süßen Gast Willkomm,
zu bringen ihm ein Lämmlein fromm.

Bald kommen auch gezogen fern
die heilgen drei König' mit ihrem Stern.

Sie knieen vor dem Kindlein hold,
schenken ihm Myrrhen, Weihrauch, Gold.

Vom Himmel hoch der Engel Heer
frohlocket: »Gott in der Höh sei Ehr!«

EDUARD MÖRIKE

Von
weihnachtlicher
Hoffnung
und Wärme

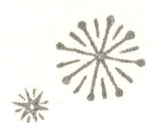

Wenn die Weihnacht kommt ...

Wenn die Weihnacht kommt,
da werden Kinderaugen strahlen,
wird im Lichterglanz der Christbaum stehn,
wird sich Freude in den Augen malen,
die sonst keine Freude sehn.

Wenn die Weihnacht kommt,
wird Glück und Eintracht walten,
auch in Häusern, die kein Leid verschont,
wird der Friede seinen Einzug halten,
wo sonst Kampf und Sorge wohnt.

Wenn die Weihnacht kommt,
wird man vom Kind erzählen,
das in Betlehem geboren ward.
Wenn die Weihnacht kommt,

wird mancher fehlen,
der durch Krieg und Tod verloren ward.

Wenn die Weihnacht kommt,
soll man sich fragen,
ob's nicht besser wär'
und nicht so schwer,
wenn der Friede nicht nur an den Feiertagen,
sondern allezeit auf Erden wär'.

Wenn die Weihnacht kommt,
soll man gut hören
in sich selbst hinein wie im Gebet.
Wenn es Weihnacht ist,
soll man sich schwören,
dass nie wieder Krieg und Hass aufsteht.

MAX DAUTHENDEY

Die Versöhnung hat einen Namen

CHRISTIAN KUSTER

Versöhnung geht so: Du kommst dorthin, wohin du nicht willst und nicht kannst und tust etwas, das dir eigentlich im Innersten widerstrebt und dann erfährst du eine tiefe Freiheit und Freude, wie du sie nie für möglich gehalten hättest. Etwas löst sich in dir. Die schweren und behäbigen Steine deiner Vergangenheit wirfst du hinter dich, sie belasten dich nicht mehr, du bist erstmals richtig frei und wenn du Glück hast, teilst du diese Freude mit jenen Menschen, die dich so sehr verletzt haben und denen auch du Leid zugefügt hast.

Nicht einmal, nicht zweimal, nicht dreimal, nicht hundertmal, nicht tausendmal, sondern ständig stehen wir vor der großen, schier unmöglichen Aufgabe zu vergeben: zuerst einmal uns selbst, unserem Ungenügen, unserem Versagen, unseren Fehlern und Schwächen und dann natürlich unseren Lieben und selbstverständlich auch jenen, die wir gar nicht leiden können. Anders kommen wir im Leben nicht voran, sonst gibt es nur Stillstand und Rückschritt, den Fall in die enge Spalte hochmütiger Isolation, aus der ein Entrinnen im Lauf der Zeit immer schwieriger wird.

Ich habe es zu oft erlebt und weiß, dass wir keine andere Wahl haben, als glücklich zu sein. Dann leben wir im Frieden mit uns und dieser oft so chaotischen, widersprüchlichen und zerrissenen Welt. Hassen ist keine Kunst, hassen kann jeder, Versöhnung jedoch braucht sehr viel Demut, Mut, Geduld und Charakterstärke.

Wenn ich die Vergebung verweigere, werde ich hart und auf Dauer ungenießbar, dann stockt die Kommunikation, ich muss mich abschotten, schmollen oder hassen und das ist gar nicht lustig.

Meine Schüler bauen – wie alle Kinder – oft Mist. Soll ich sie deshalb ständig anklagen oder

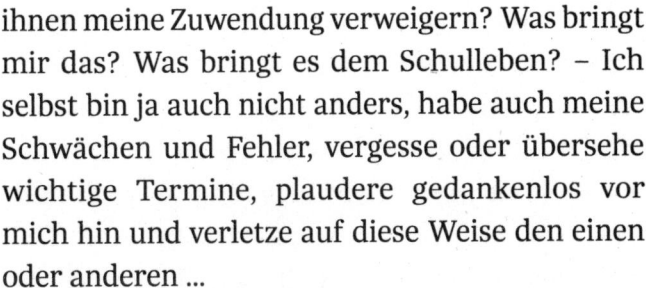

ihnen meine Zuwendung verweigern? Was bringt mir das? Was bringt es dem Schulleben? – Ich selbst bin ja auch nicht anders, habe auch meine Schwächen und Fehler, vergesse oder übersehe wichtige Termine, plaudere gedankenlos vor mich hin und verletze auf diese Weise den einen oder anderen ...

Dabei müssen wir die Vergebung gar nicht erst erfinden oder »machen«. Sie ist schon da, sie liegt vor uns wie ein köstliches Weihnachtsplätzchen, das wir nur an den Mund zu führen brauchen, um uns eine süße Gaumenfreude zu bereiten. Versöhnung schmeckt gut und sie schmeckt auch nach Weisheit, denn der Kluge gibt nach.

»Friede den Menschen auf Erden«, heißt es im Weihnachtsevangelium. Was bedeutet das? Wann habe ich Frieden gestiftet, wo Hass »geboten« gewesen wäre? Oder andersrum: Wann habe ich auf erlittenes Unrecht mit Unrecht, welches sich in vermeintliches Recht kleidete, geantwortet? Das wäre sozusagen die natürliche Reaktion auf subjektiv erfahrene Ungerechtigkeit. Aber ob das immer so klug ist? Ist das der Weg: auf Unrecht mit Unrecht zu antworten?

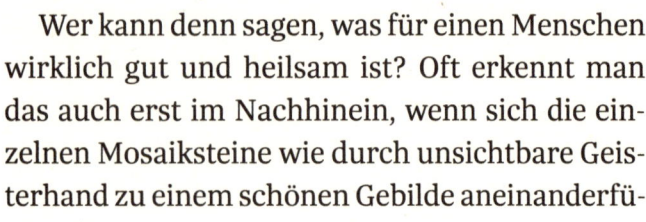

Wer kann denn sagen, was für einen Menschen wirklich gut und heilsam ist? Oft erkennt man das auch erst im Nachhinein, wenn sich die einzelnen Mosaiksteine wie durch unsichtbare Geisterhand zu einem schönen Gebilde aneinanderfügen.

Vieles an Missstimmungen gründet in Missverständnissen, in fehlendem oder schräglagigem Austausch, in falschen, überzogenen Erwartungen, die mich und meine Mitmenschen knechten und überfordern. Was kommen muss, ist dann die Enttäuschung und mit ihr geht der verbitterte Rückzug oder oft auch der aggressive Angriff einher. All das ist einer dummen und kleinlichen Herzenseinstellung geschuldet. Das Einzige was uns wirklich weiterbringt im Leben ist die Liebe, die unverdiente, zweckfreie Liebe, jenes himmlische Angebot der Versöhnung, welches einen Neustart immer und zu jeder Zeit möglich macht.

»Ehre sei Gott in der Höhe!« – Wer vergibt, bekommt von »oben« sofort ein Lächeln ins Gesicht geschrieben, das ist weit freundlicher und charmanter, als eine grantige, griesgrämige oder verhärtete Grimasse, die einen Menschen

entstellt und dessen Gottebenbildlichkeit verzerrt. Überhaupt sind Freude, Humor und Versöhnungsbereitschaft sehr gute Freunde. Ich möchte sie pflegen, sie sollen die Pflastersteine meines Lebensweges sein. Eine Geste der Versöhnung kann ein unvermuteter, freundlicher Gruß sein, eine spontane, echte und erwartungsfreie Umarmung, ein gutes, ehrliches Wort ... Der Vielfalt an Versöhnungskompetenz sind überhaupt keine Grenzen gesetzt.

Aber wie schon eingangs angesprochen: Anderen von Herzen vergeben kann ich nur, wenn ich bei mir selbst anfange, wenn ich meine eigenen Schatten erkenne, benenne, zulasse und dann in das Licht der unverdienten Liebe Gottes stelle.

Dieses Licht strahlt bald über dem Stall von Betlehem. Bald feiern wir Weihnachten. Gott kommt in die Welt als kleines, verletzliches Kind. Die Versöhnung liegt in der Krippe, sie hat einen Namen: Jesus. Er kommt, damit wir gerettet sind. Das ist doch ein Angebot, oder?

Er kommt

Gestern war er da, sagen sie
Es muss sehr schön gewesen sein, sagen sie
Aber wie gesagt, das ist schon lange her
Jetzt ist alles anders
Ja genau und deshalb warten wir
Bis er kommt
Wie das klingt
Er kommt

Vier Kerzen

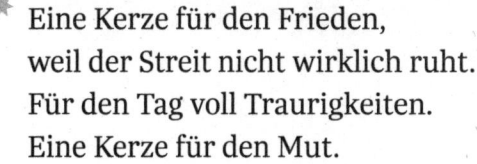

Eine Kerze für den Frieden,
weil der Streit nicht wirklich ruht.
Für den Tag voll Traurigkeiten.
Eine Kerze für den Mut.

Eine Kerze für die Hoffnung
gegen Angst und Herzensnot,
wenn Verzagtsein uns'ren Glauben
heimlich zu erschüttern droht.

Eine Kerze, die noch bliebe,
als die wichtigste der Welt:
Eine Kerze für die Liebe,
weil nur diese wirklich zählt.

RAINER MARIA RILKE

Weihnachten aufleuchten lassen

DIANA SCHMID

Der Weihnachtsbaum. Die Kerzen. Sogar der Tisch so schön geschmückt. Eine Thermoskanne. Alles zusammengestückelt. Und doch irgendwie erstaunlich behaglich, ziemlich wohnlich eingerichtet. Draußen ist es kalt – jenseits der Fensterscheibe. Aber hier gibt es gar kein Fenster, weil ich mich draußen befinde. Genau gesagt zwischen Flussufer und einer Betonwand. Da nämlich führt ein überdachter Fußweg vorbei. Ich weiß schon, dass es an dieser Stelle immer recht zusammengewürfelt aussieht. Aber total originell. Die machen es sich echt wohnlich. Obdachlose. Sie haben da ihr Plätzchen gefunden. Wer dort regelmäßig vorbeispaziert, kennt die Bege-

benheiten. Wenn ich dann und wann vorbeikam, staunte ich nicht schlecht: über Blumen auf dem Tisch, Kerzenstumpen, Campingstühle, eine kreativ zusammengeschusterte Einrichtung. Liebevoll. Dies draußen, unter solchen Begebenheiten. Und nun, in der Weihnachtszeit, auch noch der Baum, etwas kitschig geschmückt, zugegebenermaßen. Doch mich hat das sehr angerührt. Dass auch diese obdachlosen Menschen an diesem kleinen Fleckchen Erde sich auf Weihnachten eingestimmt haben. Trotzdem heftig. Im Freien ausharren. Genau genommen aber irgendwie wie bei der biblischen Szene. Nirgends waren sie willkommen. Bis Maria und Josef mit einem Notbehelf vorliebnehmen mussten – einem Stall. Nur war der weder geschmückt, noch blinkten Lichterketten wie verrückt. Nun gut, es war ja auch noch vor Jesu Geburt. Außerdem musste die frohe Kunde anschließend erst einmal verbreitet werden. Aber eins wird klar: Weihnachten ist ein bodenständiges Fest. Zumindest sollte es das sein. Viele Menschen behängen sich selbst, ihre Räume und ihren Baum mit Glitzer und Glamour. Doch manchmal darf es womöglich etwas weniger sein.

Um von der Hauptbotschaft nicht abzulenken. Um unser Herz aufgehen zu lassen für Menschen, die in keinen Prachtbuden sitzen. Die Weihnachten womöglich auf der Straße verbringen müssen. Warum nicht ihnen etwas zustecken? Etwas Gekochtes, eine Decke, einen Pullover? Ich habe den Leuten seinerzeit leider nichts zugesteckt. Als ich wiedergekommen bin, waren sie weg. Im Nachhinein erfuhr ich dann, dass diese Leute überfallen und ausgeplündert worden seien. Vertrieben von dort – ihrem Plätzchen zwischen Flussufer und Betonwand. Seitdem war es komisch, dort vorbeizugehen. So leer, ohne Leben. Diese Menschen – einfach weg. Und ich denke bei mir: Schade. Wie schade, dass ich den Leuten seinerzeit nicht etwas zugesteckt habe. Eine Bibel beispielsweise, um die frohe Kunde mit ihnen zu teilen. Die Bibel hätte sich so schön auf ihrem geschmückten Tisch gemacht. Mit den Kerzen. Dem Weihnachtsbaum nebendran. Gern hätte ich ihnen eine Bibel geschenkt. Und ein paar Weihnachtskekse, für die Lebenssüße. Immer kann es nur von Vorteil sein, Dinge sofort in die Tat umzusetzen. Besonders an Weihnachten könnten wir hierzu ganz besonders aufgerufen sein, uns ein Herz zu fassen. Das ist der eigentliche Glitzer und Glamour von Weihnachten. Wenn wir das Leben von anderen Menschen wenigstens einen kleinen Moment lang heller machen.

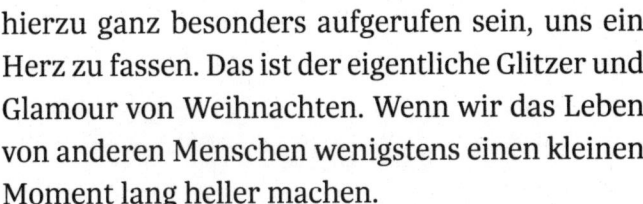

Weihnachtslied

Vom Himmel in die tiefsten Klüfte
Ein milder Stern hernieder lacht;
Es brennt der Baum, ein süß' Gedüfte
Durchschwimmet träumerisch die Lüfte,
Und kerzenhelle wird die Nacht.

Mir ist das Herz so froh erschrocken,
Das ist die liebe Weihnachtszeit!
Ich höre fernher Kirchenglocken
Mich lieblich heimatlich verlocken
In märchenstille Herrlichkeit.

Ein frommer Zauber hält mich wieder,
Anbetend, staunend muss ich stehn;
Es sinkt auf meine Augenlider
Ein goldner Kindertraum hernieder,
Ich fühl's, ein Wunder ist geschehn.

THEODOR STORM

Ein Spaltbreit Hoffnung

oder:
Hoffnung kann nicht sterben

HUBERTUS HESS

Der Abstand zwischen uns war groß. Sehr groß. Er war ja viel älter. Aber das machte nichts.

Eines Tages war er fort. Ganz weit. Kein Spiel mehr. Kein Lachen.

Keine Post. Keine Anschrift. Nichts. Gar nichts. Seit neun Monaten.

Damals, im März, war er achtzehn geworden. Geburtstagsparty im Schützengraben. Granatensalven. Was für ein Feuerwerk ...

Was für ein ...

Der letzte Schuss fiel am Ostermorgen. Dann war nichts mehr zu hören. Für uns jedenfalls.

Wie warteten ...

Von Tag zu Tag ...

Von Woche zu Woche ...

Von Monat zu Monat ...

Ich war noch ein Knirps. An Weihnachten würde er kommen. Ganz sicher. Ich wusste es genau. Im letzten Jahr war er ja auch gekommen. hatte mich auf seinen Schultern reiten lassen. War mit mir Schlitten gefahren. Hatte Schneebälle geworfen. Um die Wette. Meine waren weiter geflogen. Hatte er jedenfalls gesagt.

Und er hatte dem Christkind die Tür aufgemacht, als es klopfte ...

An Weihnachten kommt er also. Bestimmt. Weihnachten.

Das Trümmerhaus ist notdürftig hergerichtet. Es gibt sogar einen Ofen. Tannenzweige im Eck.

Die Tür! Man muss an die Tür denken. Sonst kommt er ja nicht rein. Und wenn wir singen, hören wir ihn vielleicht nicht klopfen.

Die Tür muss offen bleiben. Einen Spaltbreit. Dafür muss ich sorgen. Wer denn sonst? Ich weiß

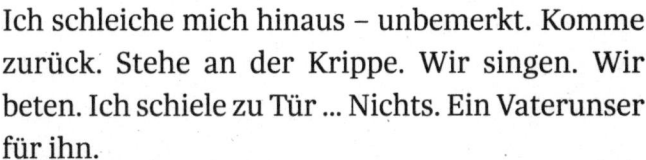

doch, dass er kommt.

Ich schleiche mich hinaus – unbemerkt. Komme zurück. Stehe an der Krippe. Wir singen. Wir beten. Ich schiele zu Tür ... Nichts. Ein Vaterunser für ihn.

Tränen. Stille.

Keiner spricht.

Ich schaue und schaue. Die Krippe – die Hirten, sie kommen doch auch. Und die Engel kommen. Und die Könige kommen. Und alle Tiere kommen. Die Tür bewegt sich nicht.

Frohe Weihnachten! Es klingt verhalten.

Geschenke. Ein Buch mit Bildern und Geschichten. Ein kleines Blech-Auto. Eine Puppe für meine Schwester. Plätzchen. Wo meine Mutter die Sachen nur hergezaubert hat in dieser Zeit ...

Die Tür bewegt sich nicht!

Weihnachten ging vorbei – und kam wieder. Der Türspalt. Stille Nacht. Vaterunser. Ich hoffte auf das große Geschenk. Vergebens. Die Tür bewegte sich nicht. Er kam nicht.

So ging es weiter. Jahr um Jahr. Die Tür blieb offen. Einen Spaltbreit. Immer.

Dann endlich nach zehn Jahren eine Nachricht.

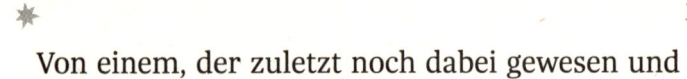

Von einem, der zuletzt noch dabei gewesen und jetzt zurückgekommen war.

Man weiß nichts Genaues. Aber der Boden war rot gewesen. Und die wenigen, die es nicht getroffen hatte, waren abgehauen. Er soll noch gerufen haben. Aber sie hatten ihn nicht mitnehmen können. Unmöglich! Die Panzer ...

Das war alles. Es genügte.

Die Tür konnte jetzt an Weihnachten zubleiben.

Aber – ich machte sie trotzdem auf. Einen Spaltbreit. Nach zehn Jahren immer noch. Und jedes Jahr.

Wieder ein paar Jahre später. Amtliche Todeserklärung. Stempel. Urkunde. Unterschrift. Fertig. Endgültig. Aus. Die Zukunft liegt hinter mir.

Trotzdem!

Irgendwann war ich selbständig. Wohnte woanders. Das könnte für ihn schwierig sein: er würde mich nicht so leicht finden, wenn er käme. Aber meine Tür blieb offen. Einen Spaltbreit. Jedes Jahr. Jedes Jahr ...

Jetzt bin ich alt. Und er ist sehr alt. Und die damals dabei gewesen waren, die gesungen hatten und gebetet und geschwiegen, unter Tränen, sind

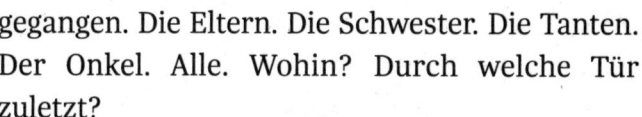

gegangen. Die Eltern. Die Schwester. Die Tanten. Der Onkel. Alle. Wohin? Durch welche Tür zuletzt?

Noch einmal Weihnachten. Ein anderer Kreis. Warten ... aussichtslos.

Trotzdem – ich gehe einen Augenblick lang hinaus. Mache die Tür auf. Einen Spaltbreit. Man kann nie wissen.

Das Vaterunser – immer noch feucht.

Vielleicht hört er es ...

Vielleicht macht er die Tür auf – dort. Für mich. Ein kleiner Schimmer fällt schon heraus.

Er ist ja mein Bruder –

weihnachts-
versprechen

in bethlehem
hat GOTT
mit haut und haar
SEIN versprechen
aufs neue
wahrgemacht.

in jedes eck hinein,
in jeden toten winkel:
ICH BIN DA.
an deiner Seite.

dir bruder und gefährte.
in der kälte und am rand.
mitten im feuer auch
und in den dornen.

ein versprechen
so stark wie nägel
im holz
und wie ein grab geleert
 durch liebe.

STEFAN SCHLAGER

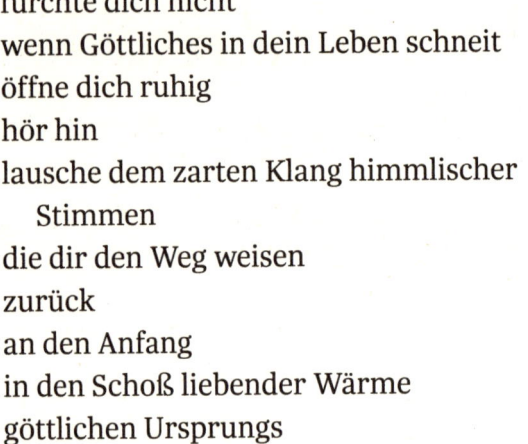

fürchte dich nicht
wenn Göttliches in dein Leben schneit
öffne dich ruhig
hör hin
lausche dem zarten Klang himmlischer
    Stimmen
die dir den Weg weisen
zurück
an den Anfang
in den Schoß liebender Wärme
göttlichen Ursprungs

unser gemeinsames JA
verbindet

ANGELIKA GASSNER

118

Eine Weihnachts-reise ins altpreußische Land

GOGUMIL GOLTZ

Da es in meiner Erinnerung Winter ist, so kommen mir Bilder von einer Winterreise, die ich vielleicht in meinem sechsten oder siebenten Jahre mit meinen Eltern zu den Großeltern mütterlicher Seite nach Altpreußen gemacht. Es waren wohl stehende, aber schlichte Bürgersleute, die ihre alten Tage mit einer unverheiratet gebliebenen Tochter in einem Landstädtchen verlebten. Man muss so ein ostpreußisches Städtchen im Winter gesehen haben und an einem trüben Abende, nach weiter Reise durch eingeschneite Felder, Wälder und über gefrorene Seen; man

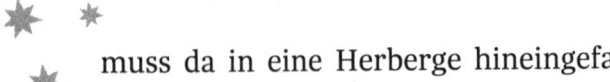

muss da in eine Herberge hineingefahren und über Nacht geblieben sein, um in der Seele zu begreifen, was es mit dem nordischen Kleinbürgerleben und mit der winterlichen Symbolik bereits in Ostpreußen so gut wie in Grönland zu bedeuten hat.

Von den Zurüstungen der Reise habe ich nichts weiter behalten, als dass ich in ein großes Umschlagetuch der Mutter von Kopf bis zu den Beinen und bis zum Ersticken fest gewickelt worden bin. Unterwegs finde ich mich im Rücken der Eltern, und zwar mehr liegend als sitzend, verpackt. Die liebe Mutter sagt dann von Zeit zu Zeit zum Vater: »Wenn der arme Junge nur gut Luft holen kann«, und der Vater sagt dann: »Na, na, ängstige dich nicht, liebe Frau, der ist ein knorriger Bengel und ein Unkraut obendrein, so einer verdirbt so bald nicht. – Wenn dir das Maul zugefroren ist, Junge, dann meld' es der Mama!«

Bei einbrechendem Abend fahren wir über einen großen, gefrorenen See. Der Kutscher und der Vater gehen neben dem Schlitten her, und mich hat die Mama von hinten fort und auf ihren Schoß geholt, um mich, falls der Schlitten ein-

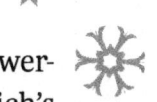

brechen sollte, gleich weit aufs feste Eis zu werfen – so denk ich es mir jetzt, und so hab ich's
wohl damals gefühlt. Es geht alles ganz glücklich,
bis zum Ufer. Da aber ist das Eis mürber, die
Pferde brechen ein, der Schlitten sinkt einen
Augenblick ins Wasser, aber wir kommen doch
mit vielem Geschrei und Antreiben aufs Land
und gleich darauf in einen ›Krug‹ (das ist eine
Herberge). Die Mama und ich selbst, wir sind
trocken, der Kutscher aber und der arme, alte
Papa sind pfützennass und die liebe Mama so
erschrocken, dass sie dem Vater mit Tränen um
den Hals fällt, der sie lachend beruhigt und mit
lauter Stimme eine ganze Kasserolle voll Warm-
bier kommandiert.

Dann muss der Wirt dem Vater die nassen Stiefel abziehen, und da dies nicht auf die gewöhnli-
che Weise gehen will, so hat der Mann sich mit
dem Gesicht vom Vater abgekehrt und dieser ihm
einen Fuß gegen den Rücken fest gestemmt, der
Wirt aber den Stiefel fest in den Händen gehalten,
bis er ihn richtig mit Gelächter herunterkriegt.

Am andern Tag fahren wir bei ganz gelindem
Wetter und indem der Schnee wie in ganzen Läm-

mervliesen herunterflockt, durch einen uner-
messlichen Föhrenwald, der in Ostpreußen eine
Heide genannt ist. Ich sitze, da weiter keine
Gefahr mit Erfrieren vorhanden, ganz wohlge-
mut und munter zwischen den lieben Eltern. Mir
ist so märchenhaft zu Mute, wie wenn die ganze
Welt zu lauter Schnee und Weihnachten werden
will, als wenn ich selbst ein warmes und leibhafti-
ges Schneewetter und Weihnachtswunder bin, in
dessen heilige Stille das Schlittengeläute feierlich
und wundersam hineintönt wie die Glocken des
heiligen Christes, der die großen Menschenkin-
der im eingeschneiten Walddome zur Weih-
nachtsbescherung ruft. Und in solcher dicken
Weihnachtsstimmung kommen wir zu dem
Städtchen der Großeltern und durch das
betürmte, in Ritterzeiten gebaute Tor. Aber wenn
das auch nicht gewesen wäre, so mussten wir
doch alle von mancherlei Gefühlen bestürmt sein.
Meiner Mutter Heimat und ihre Geburtsstätte
umfingen uns hier. Der Vater hatte hier um seine
Lebensgefährtin gefreit, er hatte in diesem Städtchen viele Jahre in Garnison gestanden und hier
seine Jugendzeit verlebt. Ich selbst aber fuhr zum

ersten Mal mit vollem Bewusstsein in die Stadt. Aber die Ankunft und den Empfang im großelterlichen Hause habe ich vergessen. Ich war wohl zu schläfrig oder von der Ofenwärme sowie von den großelterlichen Liebkosungen zu benommen, um heute noch etwas Rechtes davon zu wissen. Man hatte mich in ein Oberstübchen zu Bette gebracht, und es geschah zum ersten Mal, dass ich unter dem frommen Gesange des Nachtwächters entschlief, dessen zehnmaliges Pfeifen mir noch viel mehr zu schaffen gemacht hätte, wenn ich nicht so todmüde gewesen wäre.

Am andern Morgen aber weckte mich die Reveille des Trompeters auf, den ich schon im Traume gehört. Als ich mich aber ein wenig in meinen Bewussthaftigkeiten examiniert und zur süßen Gewohnheit des Daseins orientiert hatte, brachte ich zu meiner dreifachen Wonne ordentlich heraus: dass heute der erste heilige Christfeiertag, dass ich bei den Großeltern einlogiert und in einer wirklichen Stadt angelangt sei. Und als ich nun so mit urdeutscher Gründlichkeit innegeworden war, wo ich denn eigentlich befindlich, und was mir alles in die nächste Aussicht gestellt sei,

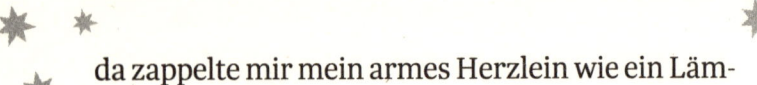

da zappelte mir mein armes Herzlein wie ein Lämmerschwänzlein in der Brust. Doch wollte ich die liebe, gewiss auch müde gemachte Mutter nicht aus ihrem süßen Schlummer aufstören, darum hüstelte und rabastelte ich nur ein ganz klein wenig in meinem weichen Lagerchen, bis denn doch die wankelmütigen Bettpfosten so laut ächzten und meine redelüsternen Lippen so vernehmlich wisperten, dass die liebe Mama mit ihrer so sanften, zum Herzen schleichenden Stimme respondierte: »Na, mein Jungchen, du kannst wohl schon vor Freuden nicht länger schlafen.« –

In der großen Putzstube stand dann auf dem großen Eichentische mit gewundenen Füßen nicht nur Kuchen und Kaffee bereit, sondern in einer blau gemusterten, hohen Porzellankanne duftete eine Schokolade, von der die Mama noch aus dem Vaterhause her eine große Liebhaberin war. Mein Sinn und Geschmack aber schwamm in lauter Weihnachten und blieb demnach auf die Türe des letzten Hinterstübchens geachtet, wo die liebe Großmama unter dem Beistande der alten Ladenjungfer mit Beschickung des heiligen Christes beschäftigt war.

Weihnachten hatte damals für alle Christenmenschen, gläubige wie ungläubige, in der Seele denselben Klang und Sang, denselben Schimmer und heiligen Schein. Kinderweihnachten zu beschreiben ist so unmöglich und so überflüssig, wie wenn einer seine Seele und sein Christentum oder sein Eingeweide wie einen Handschuh herauswenden wollte. Ich mag also nur sagen, was eben die altpreußische Weihnacht Absonderliches mit sich geführt hat, und das war hauptsächlich ein Tannenbaum mitten aus der Heide, in eine große Bütte mit nassem Sande gepflanzt, sodass der goldene Apfel auf der Spitze beinahe die Zimmerdecke anstieß. Dann ein neuer Zinnteller, so gleißend wie eitel Silber, auf dem die Thorner Pfefferkuchen, die Marzipanstücke, die Nüsse, die Rosinen und Mandeln und die roten Stettiner Äpfel lagen, und endlich eine Schachtel mit gedrechselten ›Heiligenbeiler Spielsachen‹ von Wacholder, welches ein Geäder wie Zedernholz hat und dessen starker und ganz eigentümlicher Geruch mich heute noch, wo ich auf ihn treffe, ganz tiefsinnig und schwermütig macht.

Während nun Eltern und Großeltern zu ihrem Herrn und Heiland in der Kirche beteten, habe ich traum- und glückselig mit meiner Christbescherung gespielt. Und so geschah und geschieht es von Schrift wegen, denn der Heiland ist der älteste und echteste Kinderfreund, und da die Kinder nach seinem Ausspruch vom Christentum lebendig beseelt sind, so soll ihnen der Ernst und die Arbeit des Christentums noch ein Spiel und eine Glückseligkeit, ein Weihnachtshimmel auf dieser Erde sein.

Quellen- und Copyrighthinweise

Wir danken herzlich für die erteilten Abdruckgenehmigungen.

Angelika Gassner, S.90, S. 118 mit freundlicher Genehmigung
der Autorin.

Monika Gunkel, S. 64, Weihnachtswunder, mit freundlicher
Genehmigung der Autorin.

Christian Kuster, S. 99, Die Versöhnung hat einen Namen,
mit freundlicher Genehmigung des Autors.

Hubertus Hess, S. 111, Ein Spaltbreit Hoffnung, mit freundlicher
Genehmigung des Autors.

Stefan Schlager, S. 116, weihnachtsversprechen, mit freundlicher
Genehmigung des Autors.

Diana Schmid, S. 106, Weihnachten aufleuchten lassen,
mit freundlicher Genehmigung der Autorin.

Ein camino.-Buch aus der
© Verlag Katholisches Bibelwerk GmbH, Stuttgart 2021
Alle Rechte vorbehalten.

Umschlaggestaltung und Satz: Finken & Bumiller, Stuttgart
Hersteller gemäß ProdSG:
Druck und Bindung: Finidr s.r.o., Lípová 1965,
737 01 Český Těšín, Czech Republic
Verlag: Verlag Katholisches Bibelwerk GmbH,
Deckerstraße 39, 70372 Stuttgart

www.caminobuch.de
ISBN 978-3-96157-150-5